寝かしつけ0秒、
夜泣きもなくなる

赤ちゃんとママの熟睡スイッチ

眠りとお風呂の専門家
小林 麻利子
kobayashi mariko

GB

ママは
がんばらなくてOK!

添い寝0秒、夜泣きもなくなる

小林式 6RULES
シックスルール

ア゙ア゙ア゙ア゙…
泣く
手が温かい
ぽか
ぽか
タイミングをキャッチして
眠らせよう!

RULE 1

「ちょっと眠いかなぁ？」のしぐさで、すぐに寝かせる

「少し眠いかなぁ」というタイミングで眠りを促してあげてください。新生児は数10分、3ヶ月ごろでも1時間半ほどしか起きていられません。目をこする、あくびをする、頭を地面やママの肩にこすりつける etc.――それプラス、手が温かくなっていれば、間違いなし。熟睡スイッチがONになっている状態です。特に0歳児が泣く原因は、ほとんどが「眠いから」。眠気がピークに達すると、逆に眠れなくなってしまいます。すぐ寝かせましょう。

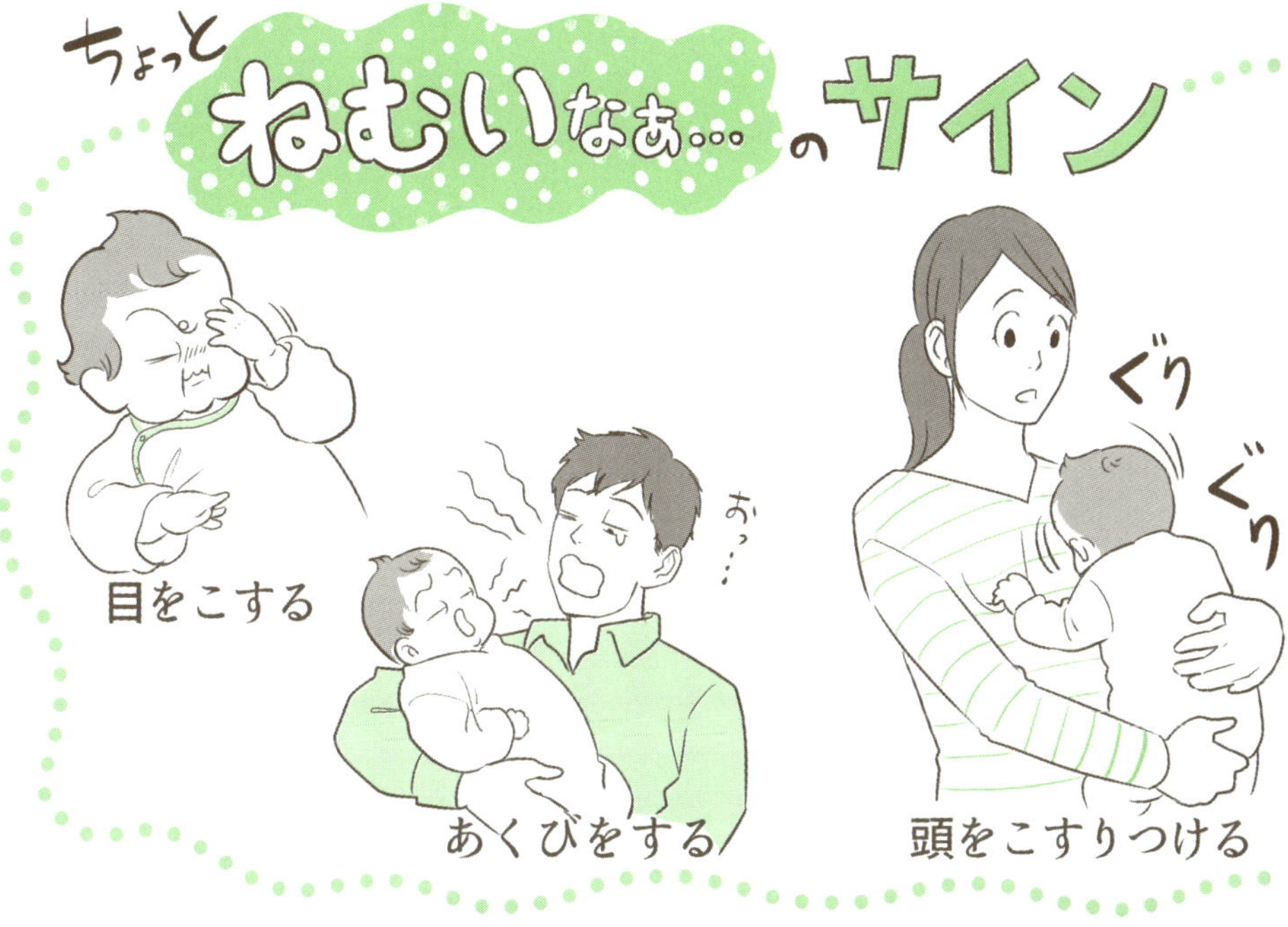

RULE 2

お風呂の後、時間をあけずに眠らせる

授乳が必要な場合は
湯冷めしないように。

授乳がいらなくなったら
素早く寝かしつけ。

お風呂は「眠くて眠くてたまらない…」状態を作る——熟睡スイッチをＯＮにする最強のツールです。寝つきの黄金時間を逃さないようにしましょう。お風呂で温まって体の内側の深部体温が急降下するタイミングで寝付くことで、睡眠持続時間が長くなるという研究報告があります。お風呂に入ってから就寝までの時間があきすぎると、途中で起きやすくなりますし、そもそも手足がポカポカしていなければ、寝つきが悪くなってしまいます。

黄金のねんねタイミング

入浴後、体温が急に
下がる時間が
寝つく最高のタイミング！

RULE 3

授乳の時刻を一定にする

熟睡スイッチのＯＮ＆ＯＦＦをスムーズにするには、朝と夜の区別を強烈につけるのが早道。そのために大事なのは、体内時計のコントロールです。３か月以降は授乳時刻を一定にすることで、睡眠と覚醒のメリハリができ、体内時計のリズムがとても整いやすくなります。離乳食がはじまったら、特に夕飯の時刻は一定にするように心がけましょう。バラバラだと、目覚めや寝つきが悪くなることもあります。

太陽がのぼったら
ON
沈んだら
OFF

1
3ヶ月以降は
授乳時刻を
なるべく一定に。

体内時計をコントロール!

食事の時間を一定に。
特に夕食の時刻に
気をつけよう

アクション

RULE 4

朝は起こさないし無理に昼寝させない

巻でもっともらしく語られている寝かしつけのトレーニングには、逆に体内時計を乱し、夜泣きを助長してしまう危険が高いものもあります。①朝が来たら起こす、②昼寝の時間だからと寝かせる、③夜の睡眠に響くからと夕寝をさせないようにしたり早めに切り上げる、④22時頃、親が寝る直前に授乳のために起こす――この4つは絶対にやめましょう。昼寝の時刻と長さは赤ちゃん任せで大丈夫。コントロールしようとすればするほど、夜泣きや寝つきの悪さを助長し、ママ自身が大変になるだけです。

×夕寝をさせない

昼寝の時間に無理やり寝かせる×

寝かしつけNG

× 朝が来たら起こす

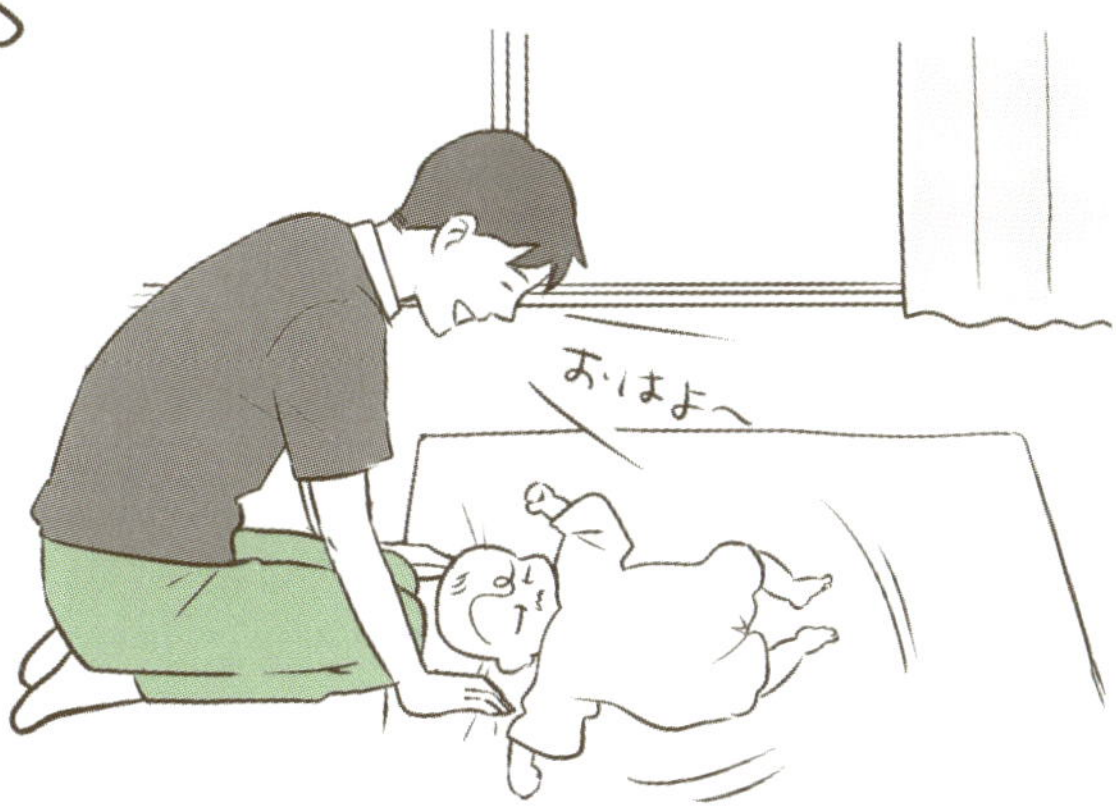

22時ごろ起こして授乳しない ×

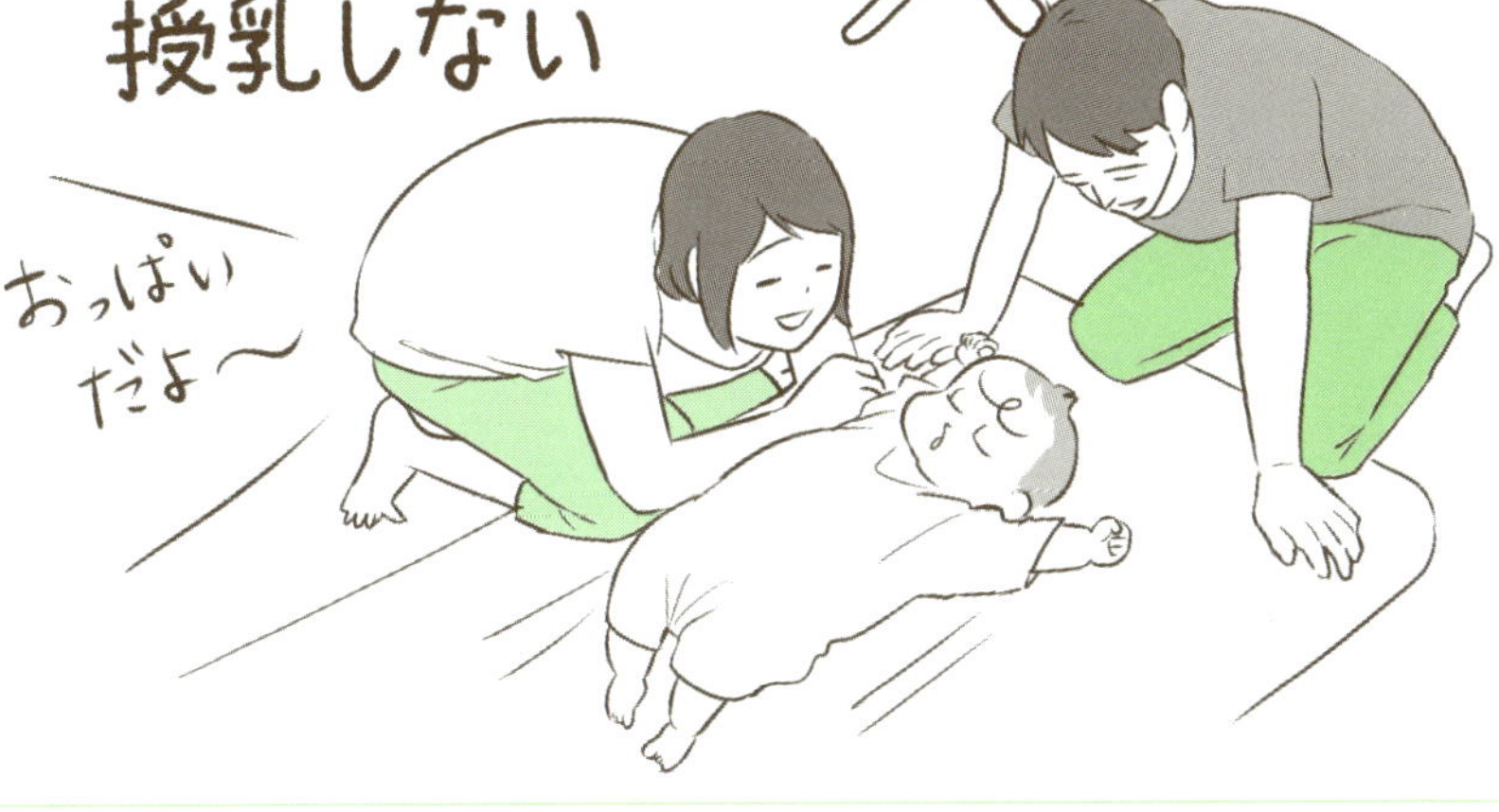

チャレンジ!

RULE 5

ベッドで眠るクセをつける

「抱っこして寝たと思って、ベッドに下ろしたら大泣きした」――よくあるお話です。それなら、そもそも背中スイッチが入らないようベッドで寝かせてあげましょう。ママの抱っこよりも手足をのびのび伸ばせるベッドのほうが、気持ちよく眠れるはずです。妊娠中のママはベビーベッドを用意するなど産後すぐに取り掛かる準備をし、0歳児のママは、まずはRULE1を習慣づけて、抱っこねんねからベッドねんねにシフトしていきましょう。遅くとも重さを感じる生後4ヶ月前から実践していきたいところです。

手の甲を吸わせてみたり…

トントンしてみたり…

ベッドねんねに

ベッドはのびのび寝られる
最高のお休み処だと教えよう。
機嫌のよい時に始めましょう。

顔や体をなでてみたり…

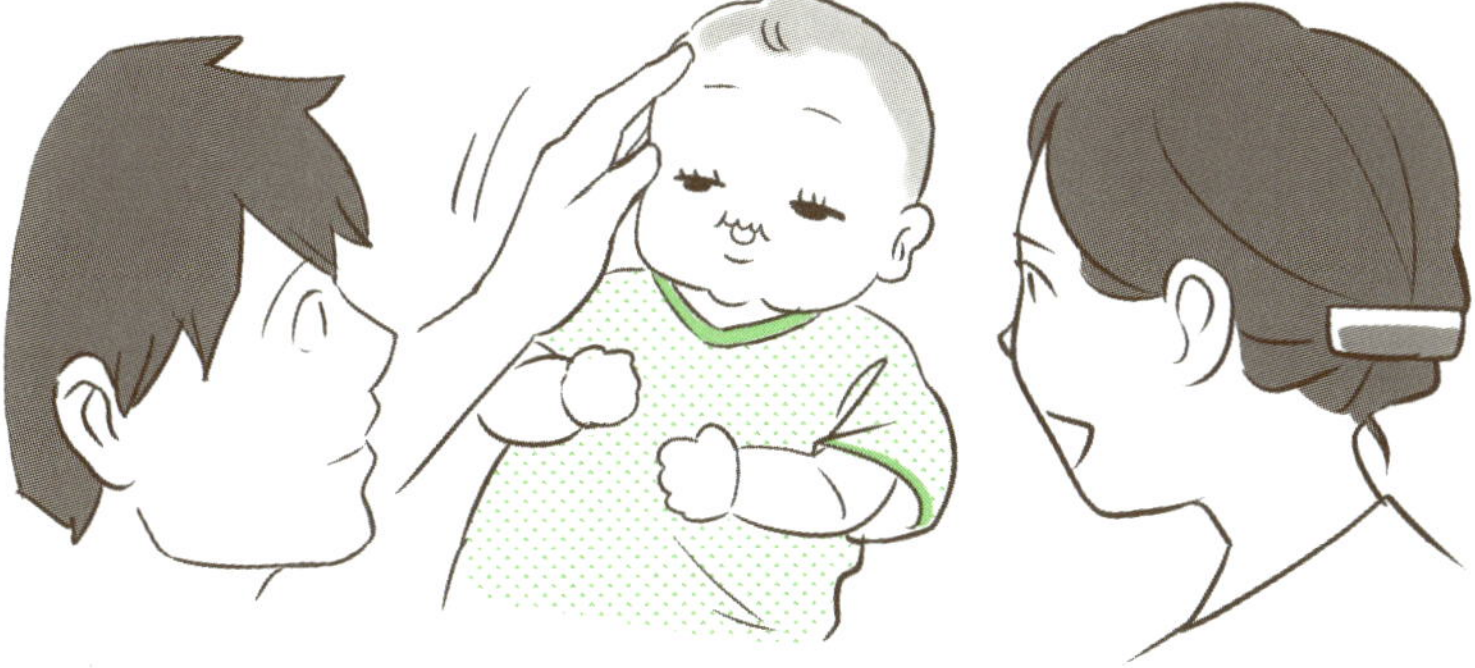

眠りに誘う方法を
探してみよう！

RULE 6

離乳食2回になったら、寝る前の授乳・ミルクをやめる

おっぱいやミルクで
寝かしつけると…
なんで
おっぱいが
ないの～…

離乳食が軌道に乗ったら、寝る前の授乳やミルクを一切やめて、お水を飲ませることを始めてみましょう。寝る前に水分を摂れば、眠りの質を高くさせることが研究でわかっています。ミルクやおっぱいを飲まなくても、体内時計が整えば朝まで眠ることができるのです。ミルクやおっぱいをやめる理由は、夜泣きをなくすため。寝ぼけた状態の赤ちゃんは、寝る前までの至福の光景が目の前にないので、混乱して泣いてしまう可能性があるのです。

おっぱいがなくても
ぐっすり眠れる
ことを教えてあげよう。

寝る前のミルクを水にする

寝る前の**水分**で
眠りの質UP!

がんばらなくて、いいんです。

私は生活習慣改善サロンFlura《フルーラ》で、赤ちゃんからおばあちゃんまで生活習慣の改善を指導しています。当教室には、**夜泣きや無駄泣きに悩むママからの相談が絶えません。**それもそのはず、ウィメンズパークが2019年に赤ちゃんがいるママを対象に行った調査では、「夜、寝かしつけようとしてもなかなか寝ない」が48％、「夜中に何度も起きて泣く」が約40・1％、「夜一旦寝たのに起きだして遊び始める」が14・7％、という結果が出ています。

だからでしょう、書籍や市町村発行の冊子は「育児の助け」をうたったものがたくさんあります。けれども、ページを開くと、

むしろ熟睡を妨げてしまうようなメソッドが多数あるのも事実。「これではなかなか悩むママは減らず、むしろ増えてしまうのではないか」と心配してしまうほどです。

この世に生まれて間もない赤ちゃんは、気持ちいい睡眠のことをあまり知りません。「なんだか疲れてきた…まぶたが自然に閉じてくる……どうしよう…どうしたらいいの？　え――――ん　T_T」と泣きます。そんな赤ちゃんに、「ねんねは生きていくうえでとても大切なもので、とても気持ちがいいものなんだよ」と教えてあげてほしいのです。

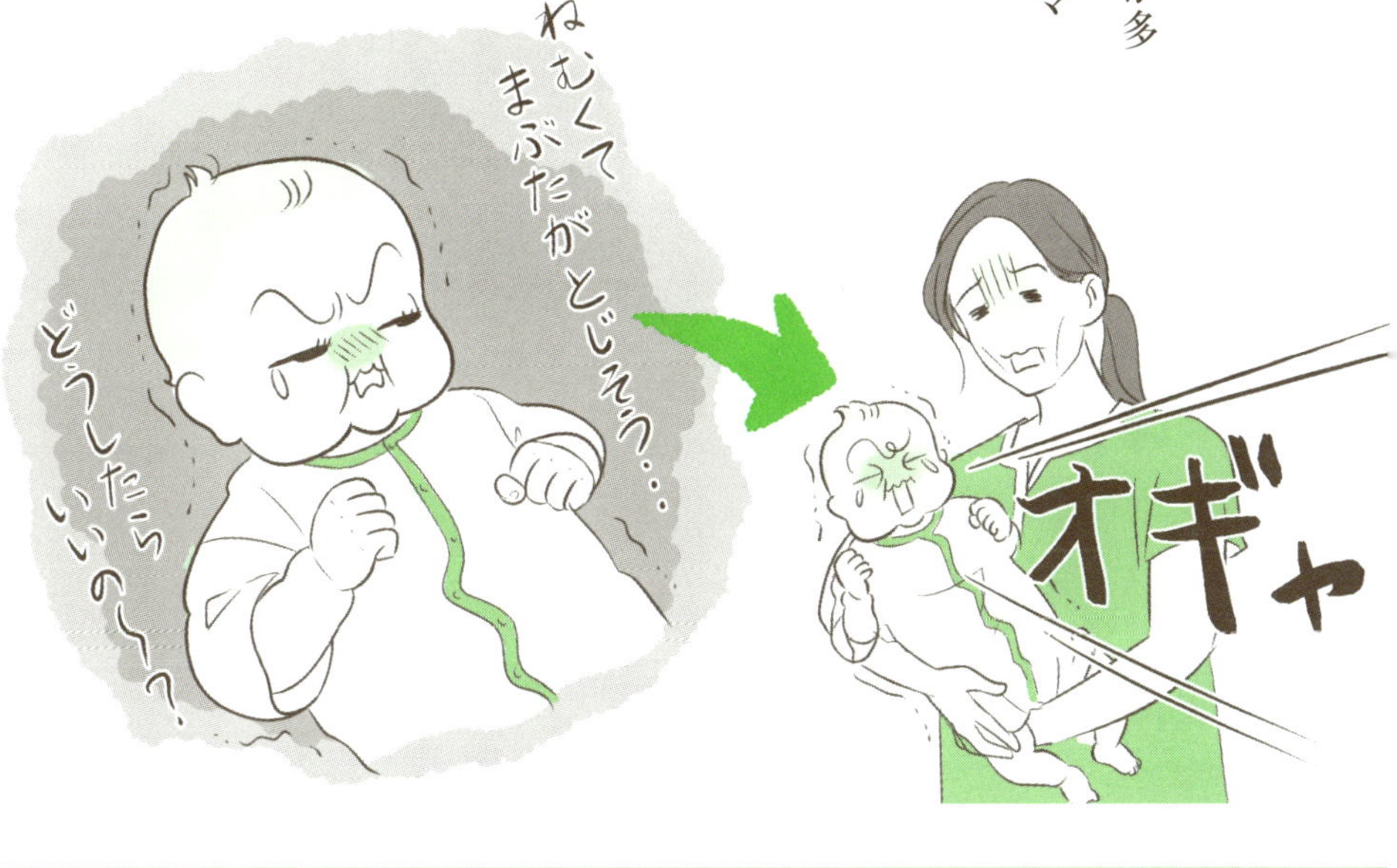

そして、子どもが「もう眠たくてたまらない」という体とリズムを作ってあげればいいんです。夜中に何度も起きて泣いてしまう場合は、1人でも安心して眠ることを教えてあげればいいんです。夜中に起きだして遊ぶなら、夜中に起きない体と睡眠に適した環境をつくってあげればいいんです。そうすれば、自然と赤ちゃんの熟睡スイッチがONになり、夜泣きからも寝ぐずりからも、「寝てくれない」という悩みからも解放されます。

睡眠は、なによりも気持ちのいいこと。がんばるものではありません。ママだって、がんばって寝かしつけなくてもいいんです。ずぼらでいいんです。

私も完全なずぼらママで、面倒くさいことは大きらい。極力手をかけず、効率化を進めたら、寝かしつけが必要ないことだと気づいてしまいました。そしてそして、赤ちゃんもママも妊婦さんも、熟睡スイッチの入れ方が同じだということも。**本書は赤ちゃんの睡眠メインで話を進めていきますが、ママの睡眠対策についても触れていきます。**読めばきっと、がむしゃらにがんばらなくても、私のようなずぼらママでも、楽しく育児を行えるようになります。

本書のメソッドは、親が「楽になりたいから」という理由で子どもをコントロールするものではありません。**まだ完璧ではないけれども赤ちゃんが元々持っている体内時計のリズムを、ただ整えてあげるだけ**なのです。深く考えることなく、決められたルールを守るだけで、驚くほどぐっすり寝てくれるようにな

り、赤ちゃんだけでなくママも一緒にハッピーになれます。

大切なのは、熟睡スイッチをＯＮにしてあげて、無理やりＯＦＦにしないこと。

まだまだ小さい赤ちゃんは、眠くなったからといって、自分で眠りにつくことができません。ですから環境を整えてあげて、熟睡スイッチを入れてあげる必要があります。

また、赤ちゃんはおなかの中にいる時から昼と夜を知っています。胎児にも体内時計は備わっているのです。

そうはいっても微弱ですから、赤ちゃんの体内時計を親の都合で乱さないようにしましょう。

……といっても、これは、いわゆる〝ネントレ〟ではありません。泣かせて覚えさせるようなスパルタ式でも、睡眠の時刻を管理するようなものではあり

ません。ママと赤ちゃんが幸せな毎日を過ごすために大切なことを、順を追ってお伝えします。実行すれば、「添い寝0秒、夜泣きもなくなる6RULES」もスムーズに守れることでしょう。

肩肘はらず、ひとつひとつできる範囲で、がんばらずに。でも押さえるところは、きゅっと押さえて進んでいきましょう。目の前の赤ちゃんと最高の毎日を過ごすことができますように。心を込めて、お届けします。

眠りとお風呂の専門家　小林麻利子

寝かしつけ0秒、夜泣きもなくなる

赤ちゃんとママの熟睡スイッチ　CONTENTS

introduction

添い寝0秒、夜泣きもなくなる 小林式 6RULES

Chapter 1

赤ちゃんの熟睡スイッチをONにしてあげる

Chapter 2
赤ちゃんの熟睡スイッチを無理やりOFFにしない

Chapter 3

妊婦さんにも読んでほしい
やっぱり、ママがしっかり眠ることも大切

EXTRA Chapter

ぐっすり眠れる赤ちゃんを産むための妊婦さんの安眠習慣

Chapter 1

赤ちゃんの熟睡スイッチをONにしてあげる

赤ちゃんが自分でうまく眠りにつけないのは当たり前のこと。

私も「眠いなら目をつぶって寝たらいいのに」と何度も思ったことがありますが、赤ちゃんは眠いのに眠り方を知らないから、泣いて「私は眠いんだ」ということを親に知らせてくれます。

そんなサインが出たら見逃さず、抱っこして寝かせる習慣のある方はそのやり方のままでいいので、寝かせてあげましょう。そこで目を閉じて、ゆっくり呼吸をして眠る、ということを教えてあげてください。

ここで、親が「ご機嫌ななめかな?」と言って、がんばっておもちゃをガラガラしたり、DVDの映像を見させたりすると、熟睡スイッチが入りづらくなってしまいます。

大切なのは、「ん…少し眠いかなぁ?」という時に、眠る環境にして寝させてあげること。私たち大人でも、眠りたいけど眠れない時や、寝てはいけない場面で眠気を我慢している時などは、イライラするでしょう?

赤ちゃんも同じで、はじめは「少し眠いなぁ」というレベルでも、なかなか眠りにつけない状態が続くと、「眠いのに眠れないじゃない!!」と大泣きをしてしまうのです。

ではさっそく、熟睡スイッチをONにする方法を、順を追ってご説明します。

「ちょっと眠いかなぁ？」のしぐさで、すぐに寝かせる

赤ちゃんは「眠い時、目を閉じたらおやすみできる」ということを知らずに生まれてきます。「ん…ちょっと眠いかも…」というタイミングでおやすみさせてください。理由は後述しますが、間違っても眠気がピークの状態で寝かせるのはやめましょう。

大人も眠い時は、どんどんまぶたが閉じて頭が働くなくなり、あくびがぽわーんと出て、手足が温かくなりますよね。そのあと「すーっ」と寝付くととっても気持ちいいですよね。でもなんらかの理由で睡眠を妨げられてしまったら、イライラしませんか？　赤ちゃんも一緒で、「ふわわ～ん、なんだか、うつらうつらしてきたなぁ」というタイミングで眠れたらとってもも気持ちよくおやすみできるのに、そのまま起き続けてしまったら、「眠いのに眠れない!!」と癇癪《かんしゃく》を起こしてしまいます。癇癪を起こしてしまった赤ちゃんは、ゆらゆら抱っこ、子守唄、何をやってもすんなり寝てくれません。

ただ目を閉じてゆっくり呼吸を繰り返せばすっと眠れるのに、「たったそれだけ

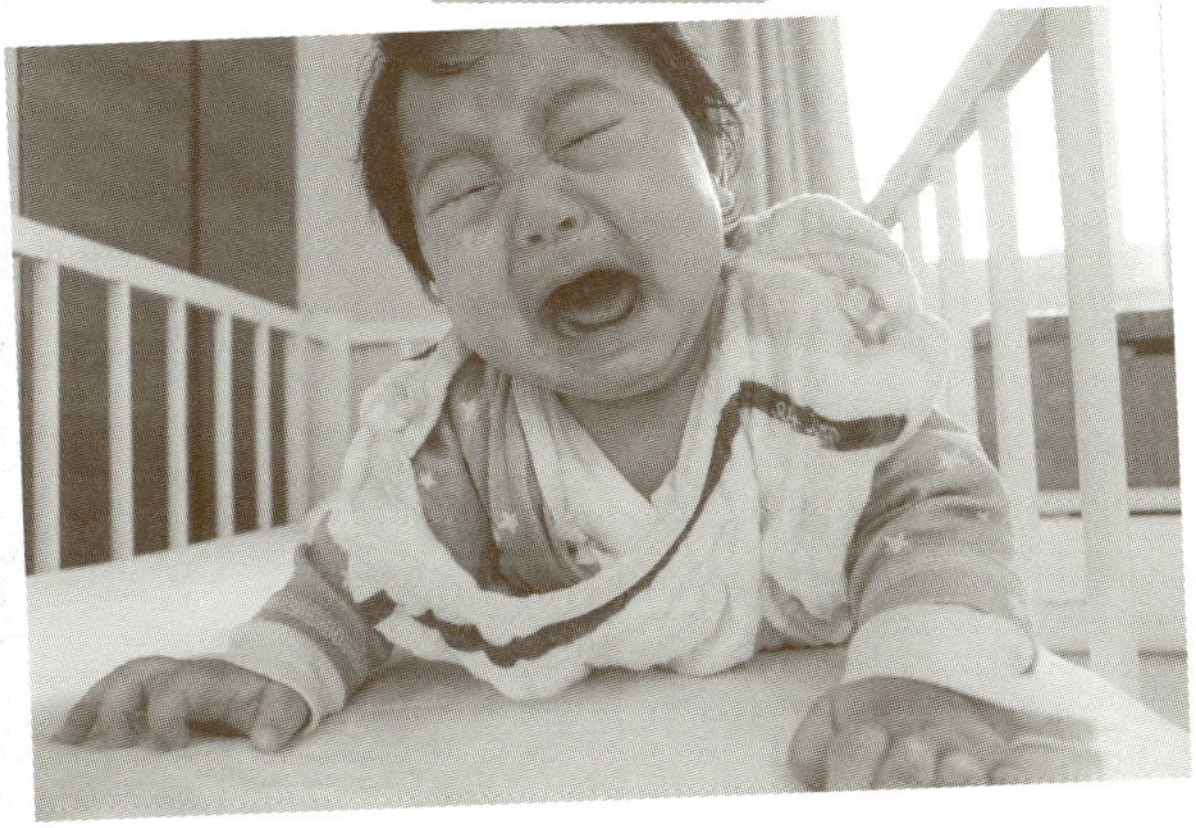

眠いのに眠れない！

のことがなぜできないの⁉」と私も何度も思いました。

まずは、**眠ることは気持ちいいことと知ってもらうために、「眠いかなぁ？」と思う合図をママが汲み取ること。産後すぐはわからなくても、入院中からよく観察してみてください。**合図は3ページで紹介したように、赤ちゃんによってさまざまです。そのタイミングで眠らせる、ということを行なっていきましょう。最初はゆらゆら抱っこでOK。慣れてきたら、ベッドで寝かせるようにしましょう。

赤ちゃんのサインをママが汲み取ることで、最高の寝つきと寝起きを経験できた赤ちゃんは、「眠い時は目を瞑って落ち着けばいいんだ」と自然に理解できるようになります。その結果、お風呂の後1人で眠りにつくようになり、たとえ夜中に目が覚めても自分の意志で眠れるようになるのです。

起きた時刻から、眠たくなる時刻を予想する

生まれてすぐは、寝ていることが多く、むしろ授乳しながら寝てしまうことも多いので、飲む・寝るのメリハリを作るためにも足先をこしょこしょしたり、耳を触ったりして起こさなければいけない赤ちゃんは多いです。退院してしばらくしてから少しずつ30分、40分、60分、90分と、覚醒する時間が伸びていきます。けれど、寝ていた赤ちゃんがようやく起きて、授乳して、「さぁ今から赤ちゃんと遊ぼう！」と思ったのも束の間、すぐに眠いしぐさを見せることも。「起きてからたった数10分しか経っていないのに…」と驚かされることでしょう。

慣れるまでは赤ちゃんが眠くなるタイミングをざっくり把握するために、起きた時刻をノートやスマホなどに書き留めておきましょう。「起きてから90分後はこのくらいの時刻だから、それまでに眠いしぐさをするかもしれない」と心構えしておくと、赤ちゃんの「ちょっと眠い…」に気づきやすくなり、大きくぐずることなく

＼熟睡 POINT／

大泣きしていても、ママの指をチュパチュパするとすっと眠る子もいます。赤ちゃんの口元を触ってあげると落ち着く子は多いです。

眠りにつかせられます。

もし3ページや26ページでご紹介したようなしぐさがまだ見られなくても、その時間帯になれば寝かせる準備を始めてもいいでしょう。

これなら、例えば「遊び足りないのかな?」などと勘違いして、おもちゃや絵本を見せることもなくなります。赤ちゃんにとって、「眠いけれど楽しい」は大泣きに発展する定番のパターン。「ちょっと眠いかなあ…」を通り越して「眠いのに眠れない!」となると、どうがんばっても眠ってくれなくなってしまいます。

「賢く育てたい」という親心で、色や物の名前を教えたり、運動をさせたり、歌を歌ってあげたり、いろいろな刺激を与えたい方も多いと思います。けれど、日中も夜も睡眠を大事にした赤ちゃんのほうが、記憶力・認識力が高いという結果がありますし、学力の調査でも、就寝時刻が早く、睡眠をしっかり取っている子どものほうが、テストの成績が高いという結果も得られています。

赤ちゃんの成長の遅れがあったり、情緒が安定しなかったり、風邪をひきやすくなったりするのは、睡眠不足が原因であるという調査報告もあります。学習も大事。でも、今の時期は睡眠がもっと大事なのです。

＼熟睡 POINT／

ベッドでねんねに成功したら、もう後戻りはしなくてOK。次は日中の昼寝でも行ってみてください。もし、何度やっても、30分以上かかってしまうなら、今はまだ「その時」ではないということ。熟睡スイッチをONにする習慣を続けてから、再度チャレンジしてみてください。

“抱っこねんね”を卒業して、“ベッドねんね”に移行する手順

あなたが妊婦さんなら、生まれてすぐ、「ベッドで眠ることは心地よいこと」だと教えてあげてください。授乳やミルクのあと、ベッドに寝かせてお腹に手をおいてあげるのです。

あなたが1歳未満の赤ちゃんのママなら、ママが左右に揺れたりスクワットしたりして行う抱っこねんねから、いきなりベッドねんねに挑戦するのはハードルが高いでしょう。まずは抱っこねんねでいいので、「ちょっと眠いかな」のしぐさの時に寝かせてください（詳細は26ページ）。お風呂で体温をコントロールし（詳細は34ページ）、授乳・離乳食の時刻を一定にして（詳細は48～56ページ）熟睡スイッチを整えたら、可能なら生後4か月までには、それ以降の子もできる限り早く、ベッドねんねにチャレンジを。

たとえベッドに置いて泣いても、慌てる必要はありません。トントンしてあげたりガーゼを頬に当てたり、耳元で「シーッ」と言ってあげたり、横向き寝にしてみたり、

ママの手の甲をちゅぱちゅぱさせてあげたりして、赤ちゃんを安心させてあげましょう。それでも大泣きするようなら、抱きしめて落ち着かせてあげて、再びベッドに寝かせてください。

最初は成功率の高いお風呂上がりにやってみましょう。はじめは抵抗するでしょうが、「ごめんね…」なんて思う必要はありません。「ベッドのほうが眠りやすいんだよ！　その心地よさをママが教えてあげる‼」くらいの気持ちで臨みましょう。

ベッドで眠る習慣がついたら「寝かしつけ0秒」にチャレンジ！

ベッドねんねで眠い時に眠るクセがついていれば、チャレンジはスムーズに進むでしょう。

1 深夜の授乳後に「1人で寝られる」か試してみる

深夜の授乳後、ご機嫌ならそのままベッドに寝かせて、「おやすみ、〇〇ちゃん」と言って寝室を後にしてみてください。「1人で眠ってくれたらラッキー」くらいの気持ちでチャレンジを。無理なら「まだ早い」ということです。泣かせたまま放置しないで。

2 夜の寝かしつけも1人で眠れるか確認する

「できるかもしれないし、できないかもしれない」という軽い気持ちでチャレンジを。1日2回の離乳食が落ち着いたら、入浴後、眠りの質を高めるために水を飲ませ、「おやすみ」と伝えて部屋を後にしてみましょう。この時、ママと赤ちゃんが別室で寝ているほうが成功率が高いです。

3 お昼寝の時も1人で寝かせてみる

2ができるようになったら、お昼寝の際もお水を飲ませて、1人で眠れるか試してみましょう。「今からお昼寝しようね」と伝えて、寝室を後にします。もし泣いたら、抱きかかえてあげて「大丈夫だよ」と伝えてあげて、改めて別の日にチャレンジしてみてください。

起きる時刻と寝る時刻をだいたい決める

赤ちゃんのリズムを作ってあげられるのは、ママとパパだけ。なかなか寝つかない、途中で何度も目が覚めて泣いて起きる、日中機嫌が悪いという赤ちゃんは、総じて睡眠時間が短い、あるいは体内時計が乱れているものです。

起床時刻は7時前後、そして就寝時刻は基本的に19時頃、遅くて20時頃、離乳食がはじまったら遅くとも20時半までには寝かせたいところです。とはいえ、大切なのは体内時計を乱さないことですから、**決めた時刻きっかりに起こしてはいけません。起きる前にカーテンを開けることも、赤ちゃんの体内時計を乱すきっかけになります。**あくまで目安として考えてください。

赤ちゃんの夜間睡眠時間は、途中で授乳のために起きたとしても、だいたい合計で10時間あればOK。だいたいの起きる時刻と寝る時刻を決めておけば、その前後

＼熟睡 POINT／

夜の照明は、外の明るさと必ず連動させましょう。冬の17時台はすでに暗いです。眠りホルモンであるメラトニンを分泌させるためにも大切なことです。

＼熟睡 POINT／

もしも子どもに朝早く起こされてしんどいようなら、起こされる前に自然に起床できるよう、ママの就寝時刻を調整しましょう。大人も赤ちゃんも、人に起こされると寝起きが悪くなってしまいます。

の過ごし方が自然と決まり、リズムを整えやすくなります。

また、起床・就寝時刻は、季節に応じて自然に変わります。

夏は日の出時刻が早くて日の入りが遅く、逆に冬は日の出時刻が遅くて日の入りが早いものです。冬は睡眠時間が短く、夏は長くなるという生体リズムもありますから、夏なら6時半よりもっと早く子どもは起きることもありますし、19時は明るすぎて眠れないこともあります。

日の出より1時間以上前に起きたら、夜覚醒と判断。深夜と同じように真っ暗にして過ごして再び寝かせます。東の空が明るみ始める頃に起きてきたら朝の目覚めと判断。起きてからのルーティンを行ってよしです。

「そんなに早く寝かせるなんてできない！」とおっしゃる方もいることでしょう。「寝る時間を一定にするのは難しい」という声もあると思います。

けれども、**子どもが早く寝てくれると、ママのあなたはその後たっぷり自分時間を楽しめます。**好きな本もゆっくり読むこともできますし、趣味の時間を充実させることもできます。

合い言葉は、「ママにもメリットがある」——ぜひ習慣づけてくださいね。

寝る前のお風呂で〝黄金のねんねタイミング〟到来！

おおよその就寝時刻を決めたら、お風呂に入る時刻も逆算して決めていきましょう。

子どものお風呂は寝る前に入るのが基本。これは、「深部体温」の急降下を利用して、深い眠りを長続きさせるのが狙いです。深部体温とは、脳や内臓など身体の中心部の温度のこと。寝る前の入浴によって体表面の血流がよくなれば、体の熱が外に逃げやすくなり、深部体温がしっかり下がります。そうすると、覚醒度が低下し、自然に眠くなるのです。

赤ちゃんも大人も、深部体温が急降下する時に眠るのが最高の眠りを得るタイミングです。けれども、**お風呂の後にママの髪の毛を乾かす時間があって子どもを待たせたり、リビングで遊ばせたり、絵本を何冊も読んだり等、お風呂と就寝まで時間があきすぎてしまうと、この〝黄金のねんねタイミング〟を逃してしまいます。**そのため、入浴後は素早くおやすみさせる必要があります。特に、お風呂後に授乳の必要がない方は、素早く寝かせてみてください。

＼熟睡 POINT／

大人の場合は、深部体温が上がるまでお湯につかった場合、下がるまで時間が多少かかるので、季節問わず（前提として室温は快適温度）だいたい就寝時刻から1時間前に上がるようにしましょう。子どもと一緒に入った場合は、自分だけ寝る前にもう一度チャプンとつかって血管を拡張させ、放熱を促したほうがよく眠れます。

ジェットコースターのように深部体温を下げる！

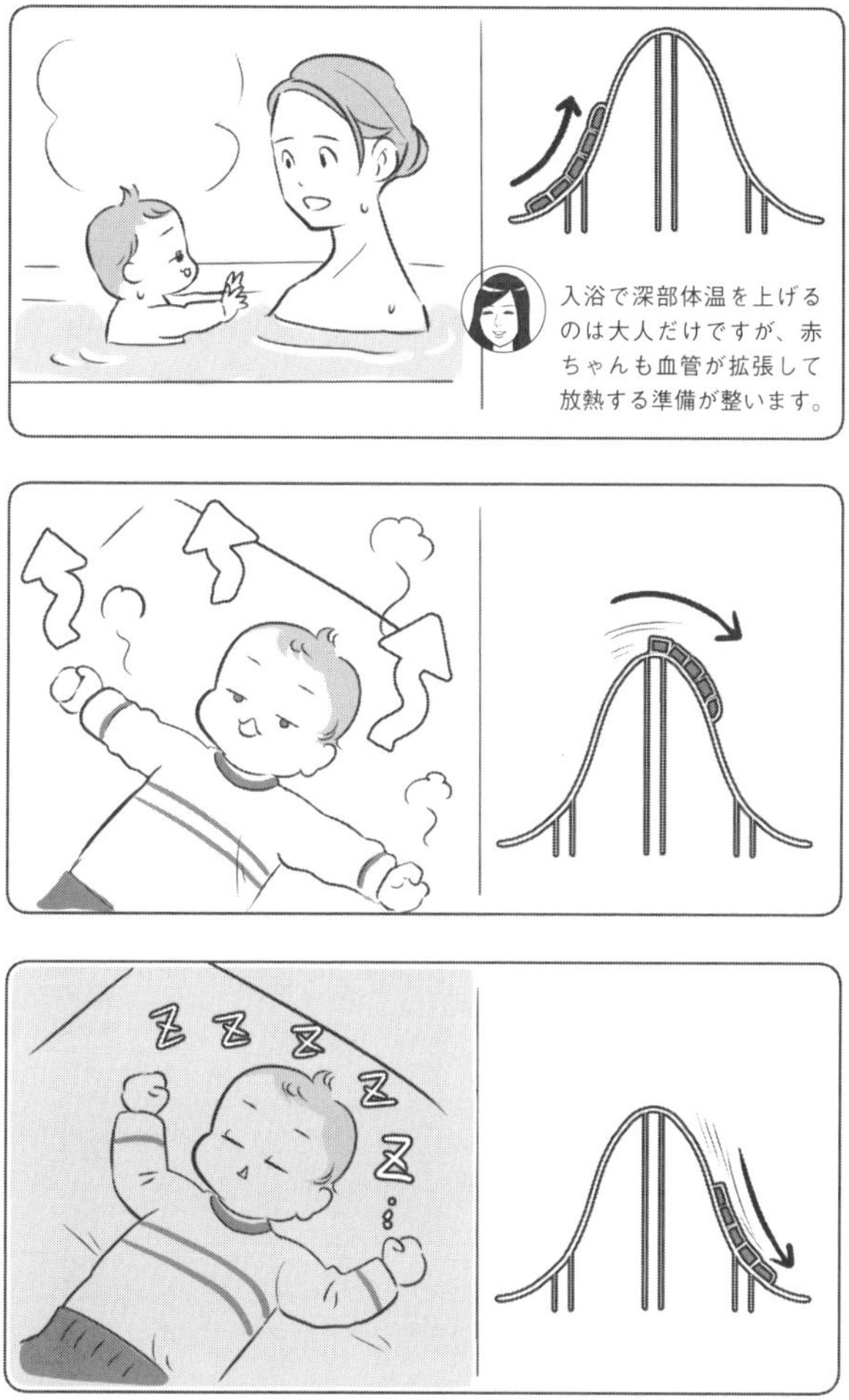
入浴で深部体温を上げるのは大人だけですが、赤ちゃんも血管が拡張して放熱する準備が整います。
Z Z Z Z Z

親が絵本を読んだり歌を歌ってあげたりといろいろ工夫するよりも、勝手に体と脳が「眠くて眠くてたまらない…」という状態を作ってあげることが大切です。

＼熟睡 POINT／

深部体温をジェットコースターに例えると、どんどんと頂上に向かって乗り物が昇っていき頂上に来たら、徐々に加速して下降します。この徐々に加速しはじめた頃、つまり徐々に体温が下がりつつある時に眠りにつかせることで、眠りが深く、長くなるのです。

入浴時のチェックポイントは、温度と明るさ

まずはベビーベッドに、着替え、おむつ、ボディークリームなど、入浴後に使うものをすべて用意。ドライヤーで頭を乾かす必要のある場合は、ベビーベッドではなく脱衣所に一式そろえて置いておくこと。体温コントロールのため、髪が濡れている時間を極力短くしたいからです。また、「ベッド＝眠る」を習慣づけるためにも、ベッドの上で睡眠以外のことをするのを避ける意味もあります。水をストローなどで飲めるなら、水を用意しておいて、お風呂後すぐに飲めるようにしておくのもポイント。**寝る前の水は寝つきをよくし、睡眠の質を高めてくれます。**

夏以外は換気扇を使わず、浴室に風が一切吹き込まないようにしましょう。濡れた肌に風がかかると冷えやすくなります。それでは、血流をよくして深部体温を下げることはできません。もちろん自宅の構造上、換気をしなければ暑くなりすぎるようなら話は別です。

＼熟睡 POINT／

2014年の九州大学の研究で、子どもは大人より2倍近く、夜の光の影響を受けることがわかっています。外は太陽が沈みつつある時なのに、自宅で不自然な明るさですごすと、夜の眠りに悪影響を及ぼすこともわかっています。

冬場は、浴室暖房で浴室と脱衣所を温めておきましょう。脱衣所を温めるのは、身体を拭いて服を着ている間に体が冷えないため。眠る直前まで体がポカポカであれば布団に入った後も、深部体温がしっかり下がってぐっすり眠れます。浴室暖房がない場合は、ベビーバスに向けて勢いよくシャワーのお湯を放出して蒸気で十分に温めましょう。脱衣所には暖房器具があると便利です。

入浴中は、浴室の照明をOFF。脱衣所の明かりだけで入浴を。お風呂上がりは、逆に脱衣所の照明をOFF。浴室の照明をONにして、服を着たり頭を乾かしたりしましょう。浴室の照明は、赤ちゃんには明るすぎるからです。

特に浴室の電気は、天井が低いので光の刺激が強いもの。もし暗くすることが難しいなら、せめてオレンジなど温かみのある色の電球を用意してください。アメリカの研究で白色の照明は色温度が高く、睡眠ホルモンと言われるメラトニンの抑制率が高いことがわかっています。入浴後の赤ちゃんの寝室も電気をつけず、廊下の光だけで寝支度してください。

水温計で測った38～39℃のお湯に5～10分浸かれば、熟睡スイッチをONにする準備完了。素早くお世話をして、ベッドに連れて行ってあげましょう。

寝かしつけがなくなるまで、ママは服を着たまま入浴

寝かしつけがなくなるまでは、ベビーバスを用意してください。体の大きさにもよりますが、1才頃まで使えます。シンクや洗面所などをお風呂にして入れるケースもありますが、衛生面で心配です。毎回清潔にしているならOKですが、赤ちゃんのいるママは忙しいですから、そうもいかないでしょう。

ベビーバスの素材は硬いプラスチック製のものでいいですが、首が座らない赤ちゃんなら柔らかい素材のものがおすすめです。温度が下がりやすいので、適宜水温を確認してください。

脱衣所で服を脱がせ、赤ちゃんを抱っこして浴室へ。この時、ママは服を着たまま、袖・裾まくりをして赤ちゃんを入浴させてください。ママも一緒に入浴して濡れた肌をタオルで拭いたり、スキンケアしたり、頭を乾かしたりしてしまうと、**体温が急降下する「黄金のねんねタイミング」を逃してしまうからです。**

＼熟睡 POINT／

赤ちゃんとのスキンシップ不足にならないか…という心配は無用。絆を育み、リラックス効果のあるオキシトシンは服を着たまま抱擁しても分泌されます。

もちろん、赤ちゃんと一緒に頭も顔も全部洗って、スキンケアやドライヤーを後回しにして赤ちゃんを寝かせる作戦もありますが、おすすめはしません。肌はカピカピに乾燥し、髪を濡らしたままだからキューティクルが開いて枝毛の原因にもなります。何より、風邪をひく可能性も高くなりますよね。

きれいなママをキープしたいなら、赤ちゃんが寝た後でリラックスして1人のお風呂を楽しんでください。眠りの質も変わってきます。

ちなみに、ベビーバス卒業後も、お子さんの入浴時にママは服を着たままでもOKです。短時間でお風呂や子どもの寝支度ができるので、仕事や家事、子育てに疲れたママでも楽ちんです。

この時、ママは浴槽に腰かけて足湯だけするのもいいでしょう。足湯は緊張や不安感を低下させる研究データもあるので、子どものお風呂遊びを見守りつつ、1日の疲れを少し癒やしてみてください。ママは服を着たままなので、お風呂上りもスムーズに子どもを寝かせることができます。

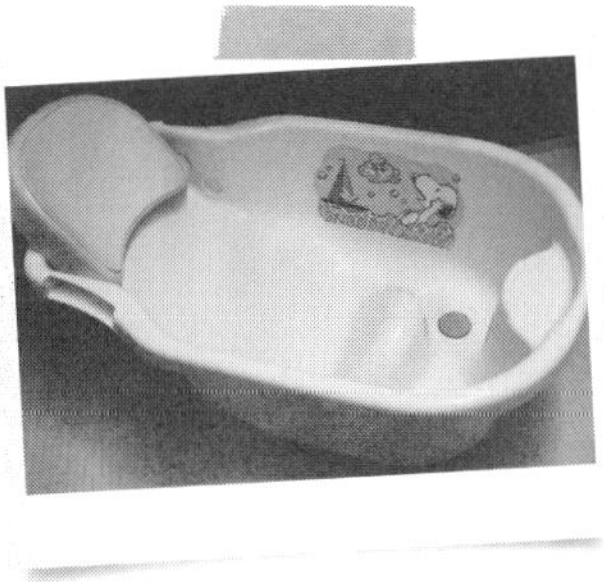

2人で湯舟につかるのは、寝かしつけの必要がなくなってから

お風呂の後、子どものスキンケアや水を飲ませたりパジャマを着させたり頭を乾かしたりする時間はだいたい15分間もかからないくらいだと思います。寝かしつけが必要ないなら、子どもの寝る準備を整えさえすれば、その後ゆっくりとママはスキンケアをして頭を乾かすことができますよね。だから、ママが子どもとお風呂に入る時に頭を洗ってもＯＫなのは、寝かしつけが必要なくなってからなのです。

とはいえ、15分間も化粧水をつけない状態でいると、肌が乾燥してしまいますよね。その場合は、お風呂の中でつけられるクリームやスプレータイプ、あるいはポンプ式の化粧水を用意するとスムーズにスキンケアできます。

シャワーをあらかじめ出して浴室を温めておくのは、ベビーバスを使っていた時と同じです。

浴室に入ったら、まずはママの頭を洗いましょう。その間、子どもは洗い場で待

＼熟睡 POINT／

先述の通り、必ずしもママは一緒に服を脱いでお風呂につかる必要はありません。ママは服を着たまま子どもをお風呂に入れることで子どもに集中できますし、入浴後の身支度が早く済むので子どもの就寝時刻も早くなります。

\ 熟睡 POINT /

子どもがつかまり立ちなどができるようなら、バスローブでなくてもOK。さっとタオルで体を拭いて、素早く着られるワンピースなどを着てください。おすすめはロングのワンピース。体が冷えなくて済みます。

機。バスマットがあるなら座らせて遊ばせておいてください。先に湯舟につからせてしまうと、ママがつかる頃には、子どもはすでにポカポカ。ママがお風呂につかって体表温度を上げる時間が十分に確保できないからです。そもそも**子どもと同じだけつかっても大人の体表温度は十分には上がりません。なので、ママは頭を洗いながら、桶を使って足湯をしておくとよいでしょう。**

洗い場で待機している子どもには、適宜シャワーをかけて冷えないようにしてあげてください。その際のポイントは、シャワーを身体だけにかけること。中途半端に頭を濡らすと、体がむしろ冷えてしまうこともあります。

ママが髪の毛にトリートメントをつけたら、その間に子どもの体を洗いましょう。その後、トリートメントをすすぎ終わったら、すぐに吸水性の高いタオルキャップをかぶってください。これだけで、ドライヤー時間がかなり短縮されます。

お風呂後は、ママは素早くバスローブを羽織り、子どものタオルを浴室に持ち込んで体を拭きましょう。

ここからは深部体温が下がりきる前に、子どもをベッドに寝かせなければいけません。子どもには素早く全身クリームを塗っておむつをはかせ、服を着させてドライヤーをします。おむつをはかせたあたりで、脱衣所の電気を消してお風呂場の電気をつけるとよいでしょう。そのタイミングで、ママはスキンケアをしてもＯＫです。

発汗により喉も渇くため、ドライヤーの前には子どもに水を飲ませてください。ドライヤーの時に脱衣所が熱くなりすぎないよう、換気をしましょう。逆に冬は、末端の血管が収縮して放熱を妨げないように、暖房をつけて体が冷えないようにしましょう。子どもを寝室のベッドで横にならせ、「おやすみ」と伝えて寝室を後にしたら、ママは残りのスキンケアやドライヤーで髪を乾かしてください。

自分時間を楽しんでからママ自身が就寝する前は、自分１人でお風呂に入る「分浴」がおすすめ。洗髪もスキンケアも終わっているのでチャプンとつかるだけです。再び体表の血流をよくすることで、深部体温をしっかり下げます。面倒でも、だまされたと思ってやってみてください。夜の授乳がなくなったあとも夜中に目が覚めることはなくなって、ぐっすり眠れるはずです。

＼熟睡 POINT／

分浴が面倒な時は、裾をまくって歯磨きの際などに足湯するのもGOOD。

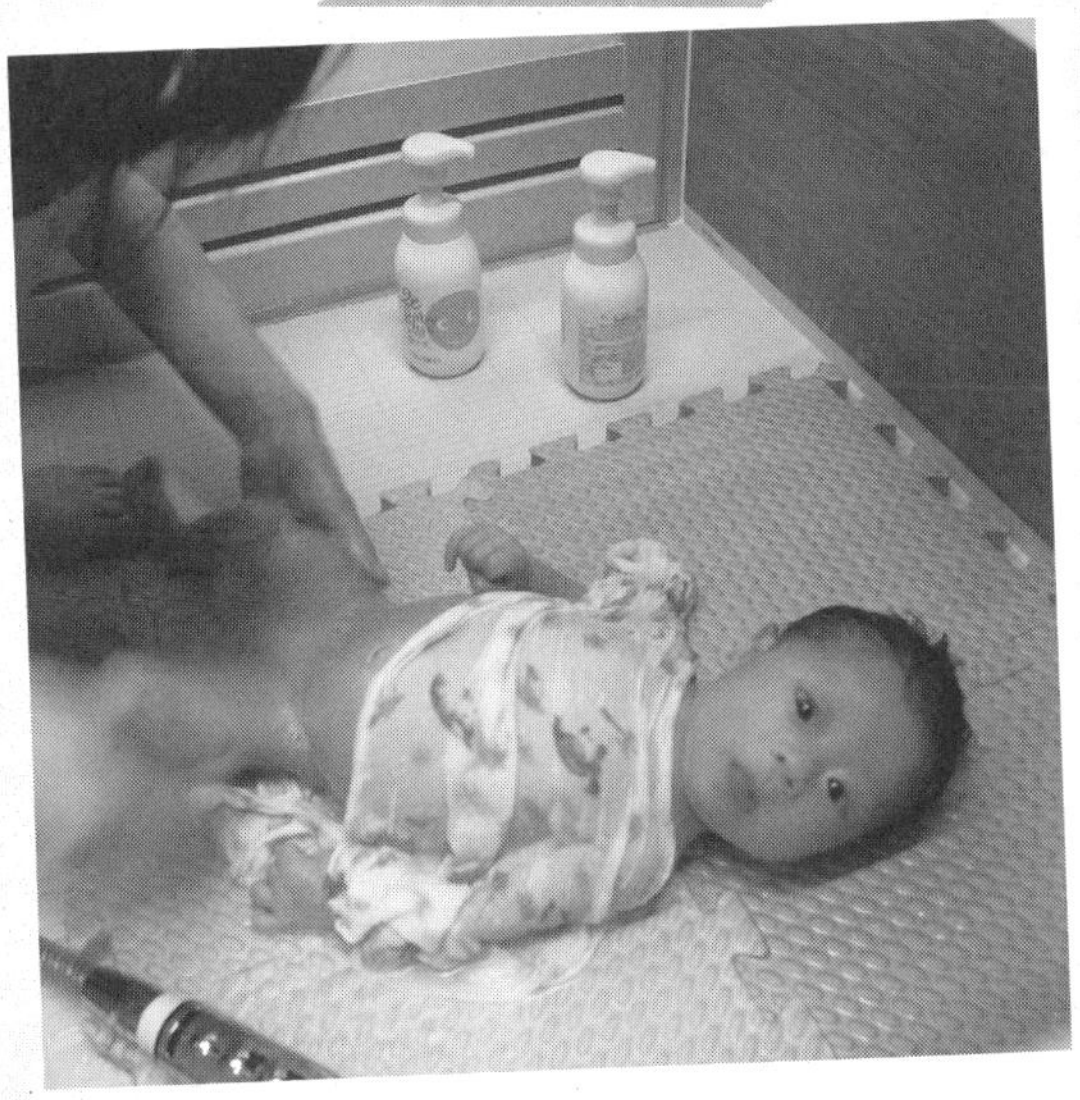

首がまだ座らない赤ちゃんの髪の毛や体を

1人でベビーバスで洗うのは至難のわざ。

写真のように、お風呂マットの上に

赤ちゃんを寝かせるだけでも、かなり楽になります。

その後、お湯を張ったベビーバスにつからせてあげてください。

ベビーバスを卒業した後も、顔に水がかかるのを嫌がるお子さんには、マットに寝かせて髪や体を洗うのがおすすめです。

●上の子がいる場合の入浴の段取り

上の子がいる場合の入浴は、少し工夫が必要です。まずは本書のメソッドを使って、上の子が1人で眠れるようにしてください。その上で、下の子に必要な寝る前の授乳や、寝かしつけの時間を考えていきます。上の子と下の子の年齢差にもよって方法が変わります。いずれも事前に段取りをシュミレーションしておけば、安心です。

Aママの場合

18：00
上の子とママの夕飯。

18：30
ベビーバスで下の子のお風呂を入れる。ママは服を着たままでOK。上の子は見学か1人遊び。

Bママの場合
授乳や寝かしつけに時間がかかる場合

17：30
上の子とママの夕飯。

19：00
ママは服を着たまま浴室に入り、下の子は床のマットに寝かせるか座らせ、上の子を洗う。下の子に適宜シャワーでお湯をかけてあげて冷えないように。

上の子を洗ったらお風呂に入れてあげる。目を離さないで！

- 19：00 下の子の授乳、寝かしつける。
- 19：30 上の子とママがお風呂に入る。
- 20：00 上の子を1人で寝させる。
- 20：00 ママは頭を乾かす。
- 22：30 ママ1人でお風呂にチャプンだけ。
- 23：00 就寝。

- 19：00 下の子を洗い、ベビーバスに入れる。
- 上の子がつかってから10分以内にお風呂からあげてタオルで拭き、下の子をバスタオルで包み素早くおむつだけ装着し、温かい脱衣所に寝かせる。
- 上の子のおむつと下着を着させる。上の子用のバスローブがあればなおGOOD。
- 19：30 下の子に服を着させ、上の子も服を着させたら寝室へ行くように促す。
- 19：30 ママは、下の子の授乳と寝かしつけを行う。
- 22：00 ママ1人で洗髪、お風呂に入る。
- 23：00 就寝。

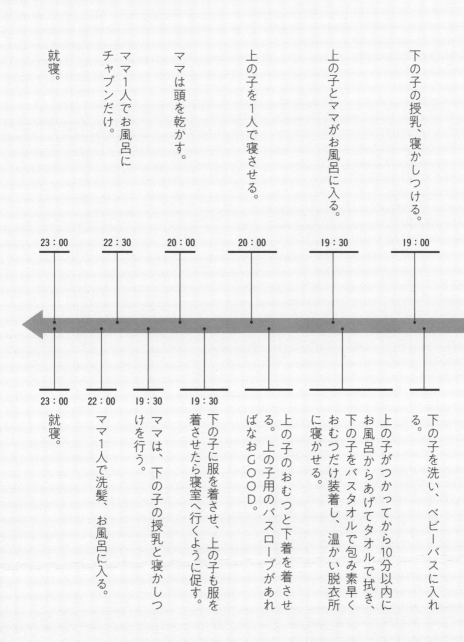

お昼寝の回数や長さは、赤ちゃんに任せる

いろいろな書物やネットで、月齢ごとのお昼寝の回数や時間などが紹介されています。それに当てはまらないと、どうしても過度に心配しがちです。お昼寝が30分ほどで起きてしまうのは「よくないから」と慌てておっぱいを飲ませて再度眠らせたり、15時以降に寝かせ続けたら夜の眠りに影響するらしいからと寝かさないように工夫したり、途中で夕寝を切り上げたり……。

けれども、そこはがんばらなくていいんです。お昼寝の回数や時間を管理するのはやめて、赤ちゃんに任せてしまいましょう。**赤ちゃんの体内時計を信じてあげてほしいのです。**これが、「熟睡スイッチをONにする」ということにつながります。

先述のように、赤ちゃんは大人が思うほど長く起きていられません。離乳食が始まる前の赤ちゃんは数10分〜長くても2時間ほどで眠くなります。

赤ちゃんは、眠い時は目を閉じてゆっくり呼吸を繰り返したら眠れる、というこ

とを知らないで生まれてきます。けれども、「眠いなぁ……」と感じたら、必ずサインを出してくれます。手で目をこすったり、あくびをしたり、顔を母の体にこすりつけたりしてくれます。どうか眠くなりすぎる前に寝かせてください。

産後すぐから「うちの子は眠い時に、どんなサインを出してくれるのかな?」と、観察してみてください。はじめはよくわからなくても、じきになんとなくわかるようになります。

ぐずるのがサインの子もたくさんいます。本当は眠かっただけなのに、「飽きたのかな? 遊んでほしいのかな?」と勘違いをして、ぬいぐるみを持って遊んであげたり、抱っこして興味のありそうなところに移動したりしていませんか?

その時は泣きやんで笑っても、眠気は再び襲ってきます。しばらくすると、たいていギャン泣きに発展するのは、そういうメカニズムなのです。結局、予定外のおっぱいを飲ませて落ち着かせて、そのまま寝落ちさせるというパターン……ありがちだけれど、一番よくない対策です。

ということで、1日何分、何回、お昼寝をしなければならない、なんてことは決めず、**「完全に眠くなる前にお昼寝をさせる」ということだけを徹底するようにしましょう。**

月齢ごとの授乳・離乳食の時刻

授乳や離乳食を与えるのは、消化の体内時計に合わせて行うのが基本です。そうするだけで、昼と夜を強烈に区別させることができます。朝起きた時にお腹がすき、夜にお腹がすくこともなくすやすや眠れるようになります。無駄泣きをしにくくなるのです。

食事時刻が一定で、消化活動の体内時計が正常なら、頻繁に寝て起きてを繰り返していた赤ちゃんもまとまって眠れるようになります。こうした理由から、ママの仕事の都合や用事などで、どうしても食事時刻が乱れることはあるにせよ、できるだけ同じ時刻に食事や授乳を。もちろん完璧にする必要はありませんが、30分ほどの誤差にとどめておきたいところです。

もうひとつ、ダラダラ食べやダラダラ飲みは体内時計の乱れにつながります。食べる時は食べる、食べない時は食べない、のメリハリが大事です。半分眠りながらおっぱいやミルクを飲ませていませんか？　しっかり飲めていないから早く目覚め

＼熟睡 POINT／

ラットの研究ですが、同じ餌、同じ量を、1日4回、1/4量を昼夜関係なく不規則に与え続けた場合、規則的に上げた場合よりも、コレステロール代謝が異常になるという研究報告があります。ラットの体重は変わらなかったのですが、血中のコレステロールが50 mg/dL 増加していました。

てしまったり、目の前に大好きなママのおっぱいがあったのにふと目覚めたら、ない状況に混乱して大泣きに発展することが多いのです。

まだまだ未熟な赤ちゃんが、地球上で生きていくために欠かせないこの体内リズムは、ママの働きかけで作ることができます。これは一生役に立つ、ママから子どもへの最大のプレゼントと言ってもよいでしょう。

月齢でわかる授乳時刻

3ヶ月未満 **欲しいだけ与える**

生まれてすぐは、赤ちゃんにたくさん吸ってもらうと母乳が出やすくなるので、ほしいだけ与えてください。

おっぱいが順調に出てきたら、頻回授乳はストップ。

起きるたび、約3時間おきに授乳してください。眠りながら飲まないよう、授乳と睡眠のメリハリを作ること。

また夜の授乳時刻は必然的に決まります。就寝時刻から逆算して、お風呂に入ってすぐに授乳して寝かせてください。

3ヶ月頃 **7時＆9時＆12時＆15時＆18時半＆深夜起きた時**

体重の増加に問題がなければ、時刻を管理していきましょう。例えば19時に就寝するなら、7時、9時、12時、15時、18時半、プラス深夜起きた時など。

この時も、飲む時と飲まない時をしっかり区別してください。7時からスタートしていますが、夏など朝起きる時刻が早ければ、授乳のタイミングも早くしていただいて構いません。

4ヶ月～ **7時＆11時半＆15時＆18時半＆深夜**

まだ離乳食は食べていませんが、この頃から朝食の7時、昼食の11時半、おやつの15時、夜の18時半というように、大人の食事時刻と合わせていきましょう。

この時もメリハリが大事です。食間はお水を飲ませてもいいです。

＼熟睡 POINT／

妊娠中も、食事時刻が乱れることで眠りホルモンの分泌リズムが乱れ、それがお腹の胎児に伝わり、成長に悪影響を及ぼすという研究データもあります。

離乳食が始まったら、できれば朝に

離乳食は、できれば朝に食べさせたいところ。可能なら起きてから30分、遅くとも1時間以内に朝食を摂って消化活動の体内時計を動かすことで、交感神経がより刺激され、深部体温や血圧が高まり、午前中から活動的になれるからです。

離乳食をよく噛むのも大切なポイントです。

今まで母乳を飲むことしかしなかった赤ちゃんも、一定の速度で噛むことで交感神経がさらに刺激され、昼夜を強烈に区別できるようになるのです。これも、朝に離乳食を与えることをおすすめする理由です。

よく噛むことの効果はそれだけではありません。セロトニンが分泌されて心が安定し、夜の眠りホルモンも分泌されやすくなります。

さらによく噛むと唾液がしっかり分泌され、消化を助けてくれます。便秘解消の効果も期待できます。歯にもよいので、しっかり噛んで飲み込んだことを確認してから次の一口をあげるようにしましょう。

＼熟睡 POINT／

ラットの研究で、毎日一定の時間帯に栄養液を口から与えると、食べ物の代謝などに関わる血液中の副腎皮質ホルモンの日内リズムが摂食時間に対応して発現しました。しかし同時間帯で注射で与えると日内リズムが消失しました。つまり、血液中の副腎皮質ホルモンのリズム形成のためには噛むことが大切ということなのです。

離乳食1食のタイムスケジュール

離乳食1回の時は、アレルギー反応で何かあれば救急で病院にいくケースも考え、昼前、病院があいている時間に食べ始めるほうがいいという考えがあります。お昼ご飯の時などから始めてもOKです。

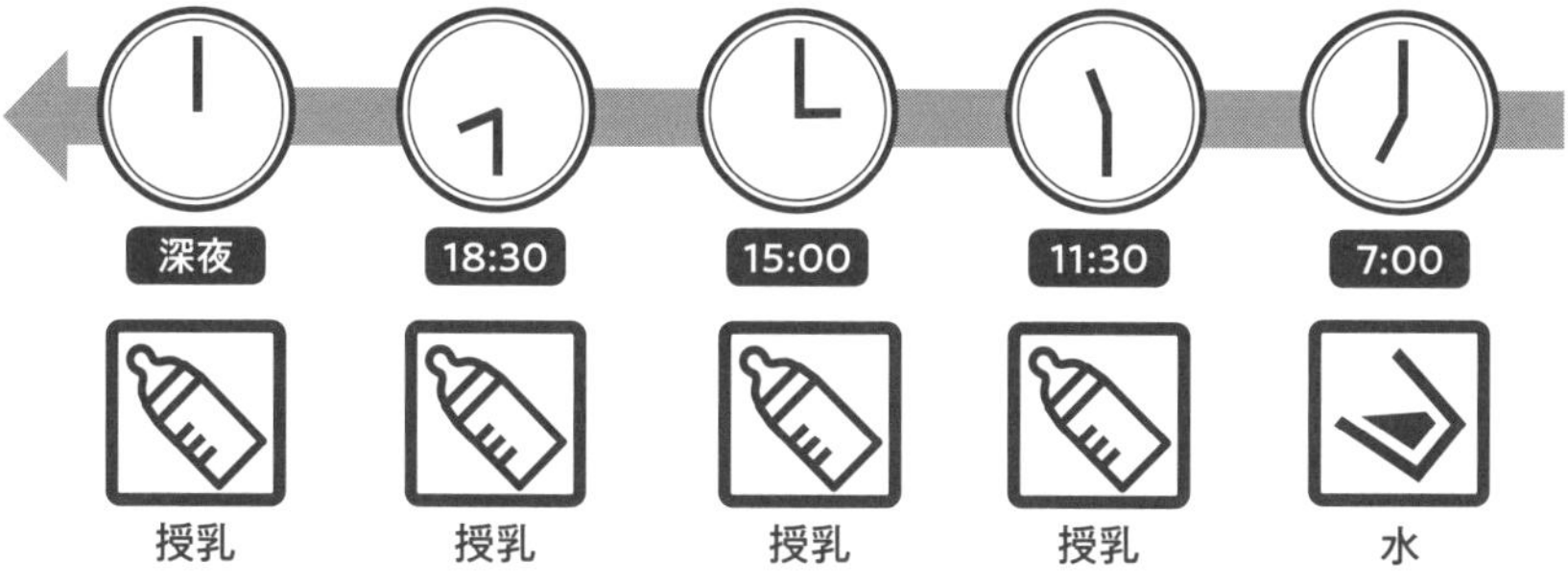

5か月頃から少しずつ、ストローなどに慣れさせるようにして食間、授乳と授乳の間などに水や麦茶などを飲ませるとよいでしょう。ストロータイプのマグカップがありますが、5か月頃から飲めるようになるケースが多いようです。水は食前だけでなく、起きた後や、泣いてしまって落ち着かせたい時などに適宜飲ませるようにするとよいでしょう。

＼熟睡 POINT／

我が子は完全母乳だったので、哺乳瓶はまったくだめでした。けれど6か月くらいからストローに慣れさせることで、ストロータイプのマグカップなどでミルクをつくり、外出先でもこぼさずスマートに飲めるようになりました。お悩みの方は試してみてください。

離乳食が2食になったら、朝と夕方に

離乳食を2回にするタイミングは、「1か月経ったから」などと月齢で管理しなくても、しっかり口を閉じて上手に飲み込めるようになってきたらでOKです。離乳食をお昼ご飯の11時半にする方法もありますが、例えば外で食べる必要がある時は、離乳食を持って行くか買ったものを用意しなければいけません。けれども離乳食は水分も多くて痛みやすいので心配。市販のものはうま味調味料や保存料などが入っていることが多いので避けたいママも多いでしょう。

いつもは昼に自宅で離乳食を食べさせているけれど、「今日は外でランチだから、授乳（またはミルク）にしよう」という作戦は、いつもの習慣と違うリズムで消化活動が行われるため、体内時計が乱れてしまうかも。もちろん、たまになら構いませんが、離乳食の時刻はなるべく変えないほうが安心です。

ということで**離乳食が2食の時は、昼はあらかじめ離乳食を食べさせないと決めてしまうのが得策です。**もちろん食事の時刻が一定になるのであれば、左のタイムスケジュールは皆さんの生活に合わせて変化させてください。ちなみに冬は日の入りが早いので、夕飯時には外は真っ暗。部屋の照明も、それに合わせて暗くしていきましょう。

離乳食2食のタイムスケジュール

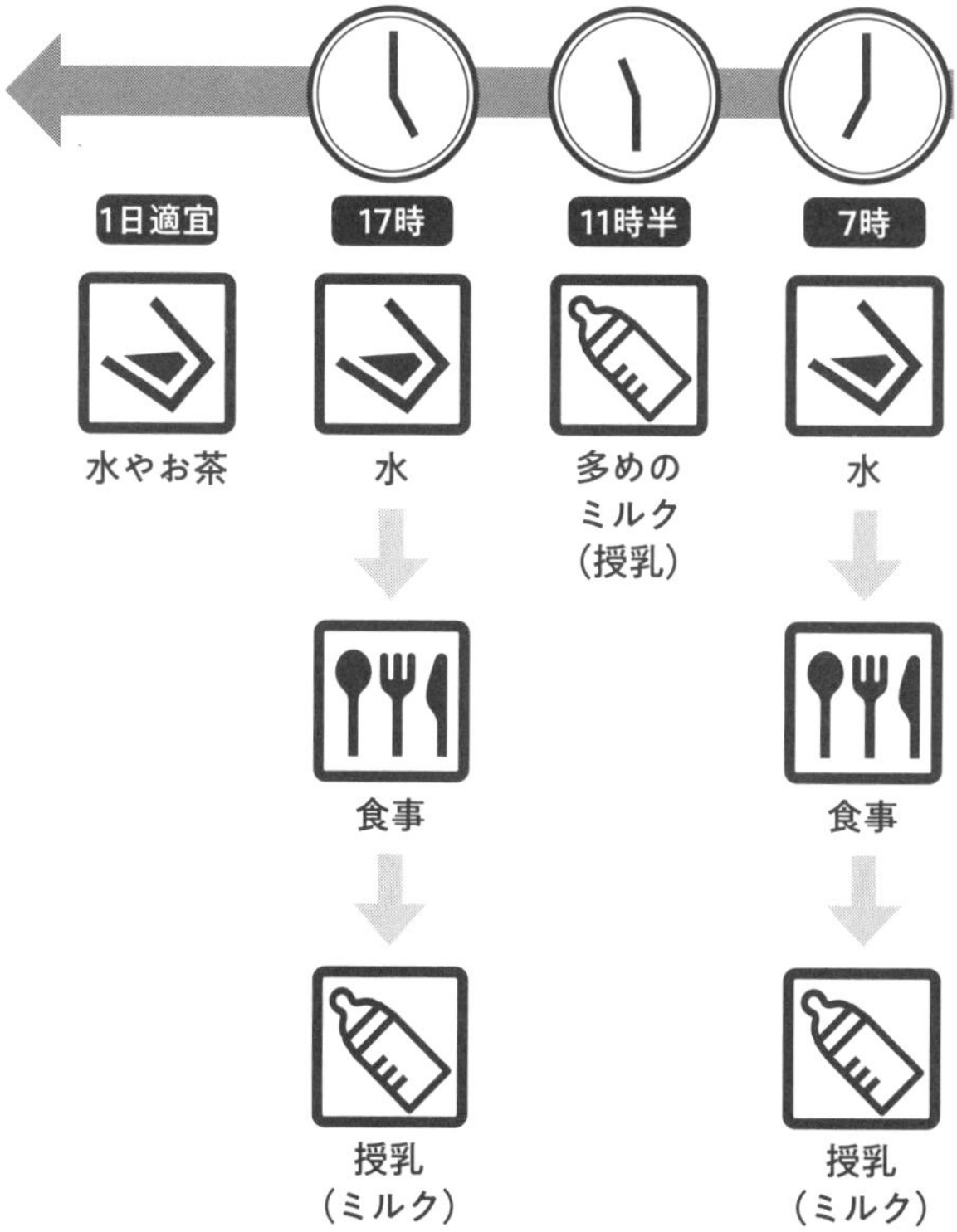

生後半年を過ぎると母乳の栄養素はかなり少なくなるという研究報告があります。完全母乳の方なら昼だけミルクを加えるのもいいと思います。離乳食が進めば、完全ミルクにシフトも◎。母乳以外でも十分愛を育めます。早めの断乳をすすめているわけではありませんが、ママが暗い気持ちで赤ちゃんとの生活を楽しめないようでは本末転倒。周りはどうだと考えず、ママ自身がどうしたいかで考えてみてください。

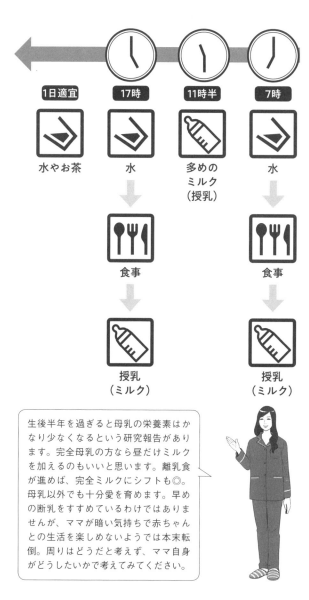

離乳食が落ち着いてきたら、おやすみミルクをやめて水にしてみる

＼熟睡 POINT／

寝る前や夜中の授乳がなくなってくると、ママは必ず母乳がたまって乳栓ができたり、胸が痛くなります。痛くなったら搾乳して冷凍保存しておけば、ママが外出していても赤ちゃんはパパに飲ませてもらえます。私が育児道具で一番感謝しているのは電動搾乳機です。これに何度助けられたことか……。

離乳食が落ち着いてきたら、寝る前は母乳やミルクではなく、水を飲ませてみましょう。

「水では絶対眠らないだろう」と考えるママも多いかもしれませんが、お腹が満たされるから朝まで寝ていられるわけではありません。母乳やミルクを飲むことが寝る前の日課になっているから、「飲んだら眠れるんだ！」と赤ちゃんが勘違いしているだけです。

寝る前のおっぱいがなくなることで、睡眠中に目覚めても、おっぱいがなくても1人で眠れるようになる確率がぐんと上がります。

栄養は1日3回、離乳食やミルクで得ることができます。寝る前は、栄養補給する時間ではなく、睡眠の準備をする時間です。寝る前の授乳をやめるなんて可哀想…なんて思う必要はないのです。おっぱい以外の方法で、愛を伝えてあげてください。寝る前は放熱が進む、黄金のねんねタイミング。離乳食が落ち着いてきたら、

始めてみてください。

冬場など寒い時期は白湯のほうがよいですが、水でも問題ありません。寝る前に水分を摂りさえすれば、血流がよくなって深部体温を外に放熱しやすくなり、深い眠りにつながることが研究でわかっています。ただし、氷水など冷水は覚醒を促してしまう危険もあるので、常温水にすること。ストローやコップなどで飲ませてあげてください。

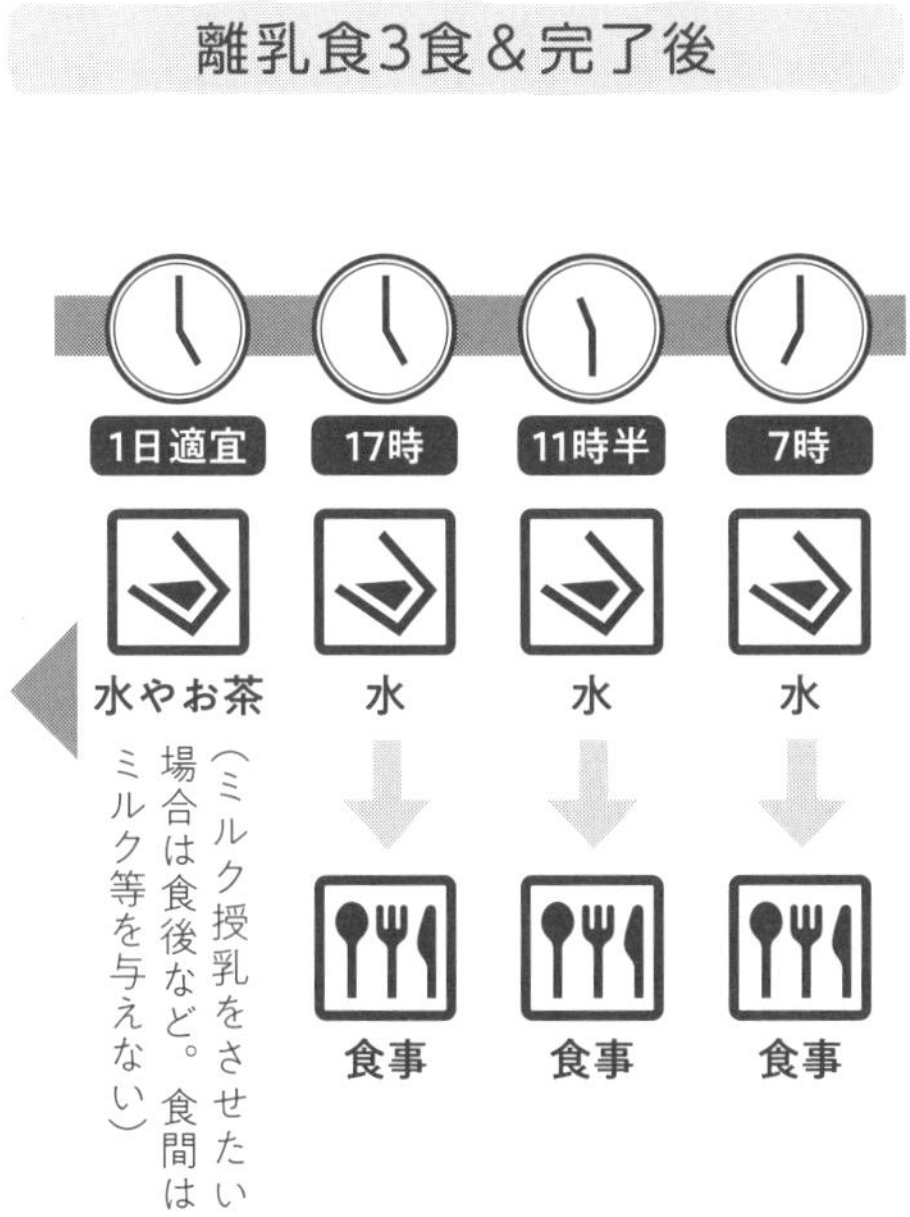
離乳食3食＆完了後
7時
水
食事
11時半
水
食事
17時
水
食事
1日適宜
水やお茶
（ミルク授乳をさせたい場合は食後など。食間はミルク等を与えない）

離乳食完了期になると、食事から摂る水分量が減少します。そのため、適度な水分補給が必要になってきます。目安は体重1kgあたり1日約100〜120ccと言われています。例えば9kgなら、約1ℓ。そのうち約7割くらいは食事から摂れるとして、3割にあたる300cc分は起床後や食間、お風呂前後、就寝前などに分けて飲ませてあげましょう。

夕食時刻は、お風呂タイムから逆算して徹底する

消化活動の体内時計で特に気をつけたいのが、**夕食時刻。この時刻が遅くなれば、寝つきも寝起きも悪くなる可能性があります。**朝の食欲がなくなって朝食を残したり、便秘になったり、午前中から体温がしっかり上がらず活動的になれなかったりした結果、1日の自律神経のリズムのメリハリも生まれず、眠りに支障がでる可能性があるのです。

離乳食が始まっていれば、食事から約1時間以上経った後、お風呂に入れるのがベスト。食後すぐの入浴は胃腸に負担がかかるからです。

ということは、20時半に寝かせるには、例えば19時半頃にお風呂に入り、その1時間前の18時半には食べ終わっている必要があります。そうなると、夕食は18時頃から食べないと間に合いませんよね？　そういうわけで就寝時刻から逆算していくと、入浴時刻と夕食時刻は自然と決まってくるのです。ちなみに夕飯時の照明は外の明るさと連動させましょう。

＼熟睡 POINT／

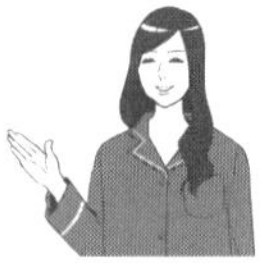

働いているママは、お迎えに行った後でスーパーに行って料理をするとなると時間がかかり、つい夕食の時刻が遅くなりがち。休日にたくさん常備菜を用意したり冷凍しておいたりするなど工夫しましょう。すべて完璧にしようと思わないで大丈夫。

ママの帰宅が遅い場合の夕食

ママが働いていてお迎えが遅くなる場合は、食事を冷凍しておくなどして調理時間を短縮しましょう。**幼稚園や保育園に夕食をあらかじめ渡しておいたり、別料金を払うなどして先に食べさせてもらう**という作戦もあります。地方自治体のサービスを上手に使って、いつもと同じ時刻に食べさせる工夫をしてみてください。それだったら、子どもを迎えに行って遅くとも19時頃に家について、自分のごはんは作りおきを食べて、19時半頃から子どもをお風呂に入れてあげれば、早めに寝かせることができます。そのほうが自分時間も増えて、リフレッシュもできます。

でも本当は、顔を合わせて一緒に食事を摂るのが一番。それが難しいなら、**今の働き方はそのままでいいのか、一度家族で考えてみる機会**なのかもしれません。**一番大切なのは、子どもの心と身体の健康です。**体調不良が続くとか、情緒が不安定といった問題があるならば、なおさら検討してみる価値はあると思います。

＼熟睡 POINT／

「いろいろ学びさせたい」という親心で、保育園や幼稚園の後に習い事に通わせている方も多いと思います。けれども、その影響で夕食の時刻が遅くなるようなら本末転倒。睡眠時間が短くなったり質が下がったりして、記憶力や論理的思考にまで影響を及ぼします。習い事は夕食の時間を確保したうえで通うようにしましょう。

よく眠れる寝室の温度設定は夏26℃、冬20℃

寝室の温度と湿度も、熟睡スイッチをＯＮにする重要なファクターです。昼間は着衣や換気で調整できても、無防備な**睡眠中は暑すぎると眠りの質が悪くなるため、快適な温度にする必要があります。**

生まれたばかりの新生児でも、暑ければ血管が拡張して放熱し、寒ければ血管が収縮して蓄熱する機能は備わっていますが、まだまだそれは十分ではありません。だから、外気の温度によって赤ちゃんの体温は変わりやすいのです。過度な暑さや寒さからは親の力で守ってあげるしかありません。エアコンや加湿器、除湿器等をうまく使い、まずは快適な環境に整えてあげることが大事です。

寝室は夏は26度くらい、冬は20度くらいをキープできるように、エアコンで調整しましょう。感覚は正確ではないので、温湿度計を用意して確認を。マンションなど窓が開けられない気密性の高い家は、ＯＮ＆ＯＦＦタイマーをかけずにつけっぱ

＼熟睡 POINT／

幼児期以降は、寒いと血管を収縮させて熱の放出を防いだり、震えることで代謝を増加させて熱を生み出したりします。けれども新生児は、震えることができないぶん、震えなくても熱を生み出す機能が発達していることがわかっています。とはいえ、寒くても「震えていないから」と、着衣を薄着のままにせず温度計を確認してください。

なしにして、寝ている時間だけは快適環境にしてください。年中20度くらいがよいという考えもありますが、夏など外気との温度差が大きい時は自律神経による体温調整がうまく働かず不調の元となりえます。

エアコンの冷気は、感じるか感じないほどの風量でも起きる頻度が高くなるので、風が一切身体に当たらないよう設定を。扇風機やサーキュレータを用いるなら、空気を攪拌《かくはん》する目的で上向きにして使いましょう。

暑い環境での発汗量や体温上昇について調べた研究で、生後9か月〜4歳の子どもは、母親に比べて体表面あたりの発汗が約2倍（汗腺能力は大人より劣るが汗腺密度が高いため発汗が多い）。皮膚温の反応は同様でしたが、体温の上昇は子どものほうが高かったという結果が出ています。大人は快適でも温湿度計を用意して確認するとよいでしょう。

湿度は季節を問わず50％台をキープできるとGOOD。適温でも高湿度だと、夜中に起きてしまいがちです。冬は風邪予防のためにも加湿器を活用しましょう。

赤ちゃんの季節ごとの正解パジャマ

子どもも大人も、眠くなると手足がポカポカ温かくなって、体の内側の深部体温が下がります。特に足先から熱が逃げるので、**靴下を履いて眠るのはよくない**というのは、もはや常識です。

靴下と一体になっているズボンやつなぎ服は足先から放熱しづらく、熱がこもって適切に深部体温が下がりません。途中で起きてしまう可能性が高くなるのです。できたら、大人も赤ちゃんも綿100%のやわらかなパジャマを着用してください。**夏に一晩中エアコンをつける場合は、早朝は寒く感じることがあるので、長袖長ズボン、春や秋など快適な温度の時季は、半袖でもOK**です。赤ちゃんのズボンがめくり上がるようなら、レッグウォーマーをパジャマの上からつけて、足首を冷やさないようにしてあげてください。

お布団は必要ありません。というより、体の上にかけていられないくらい、寝相

＼熟睡 POINT／

生後3〜4か月の乳幼児87名を対象にしたイギリスのレスター大学の研究で、冬、着衣や寝具が多いほど短時間で目覚めることが報告されています。さらに、寝具の量が多いと乳幼児突然死症候群発症の危険性が増加する報告もあります。いずれにせよ、未熟な状態の乳幼児のパジャマや寝具は気を付ける必要があります。

スリーパーで快適ごきげん

はどんどん悪くなるからです。そのため、上半身と下半身をざっくりとカバーするスリーパーを用意するとGOOD。足先や手先を覆わない長めのベストのようなタイプがいいでしょう。腹巻などでお腹がでないよう工夫する作戦もありですね。

「子どもがお腹を出して寝ていないかなぁ」と心配して起きるママもいるけれど、そもそもお腹がでない工夫をすれば、ママも安心しておやすみすることができます。

お布団は、自分の手で上に持ち上げられる年齢になってから使うようにしましょう。エアコンや加湿器を使って、布団を使わなくても快適な環境に整えることも大切です。

長く使えて安心して眠れる、ベビーベッドの選び方

近年、専用形ベッドではなくサークル兼用形ベッドの転落事故が多発しています。

2つの違いは、柵の高さ。ＪＩＳ規格（JIS S1103:20144）では、専用形ベッドでは床板面から60センチ以上となっていますが、兼用形ベッドでは35センチ以上となっており、つかまり立ちできるようになったら、床面を下に下げて使えるようになっています。

サークル兼用形ベッドの問題点は、床面を下に下げても足をかけられる横柵が30センチ以内にあることが多いということ。これが転落のきっかけになっているようです。

30センチは幼児なら足をかけられる高さです。さらに分厚い寝具等が敷かれていれば、危険度は高くなります。サークル兼用形ベッドは、価格が安く、「サークルとしても使えるならいいじゃない！」と購入される方も多いのですが、以上の点から、私はおすすめしていません。

＼熟睡 POINT／

SG基準（製品安全協会のSGマーク）だと、幼児用ベッドには床面から30センチ以内の高さに足を掛けられるような横の柵等があってはならないとされていますが、JIS規格にはないので、危険なのです。

参考：子どもの安全研究グループHP

写真はうちのベッド（専用形）ですが、つかまり立ちするようになってからは、床面を一番下まで下げています。床面を下げても、横柵がないので安心です。一番下に収納できるベッドが便利、ということもあって選びました。

2種類のベビーベッドの違い

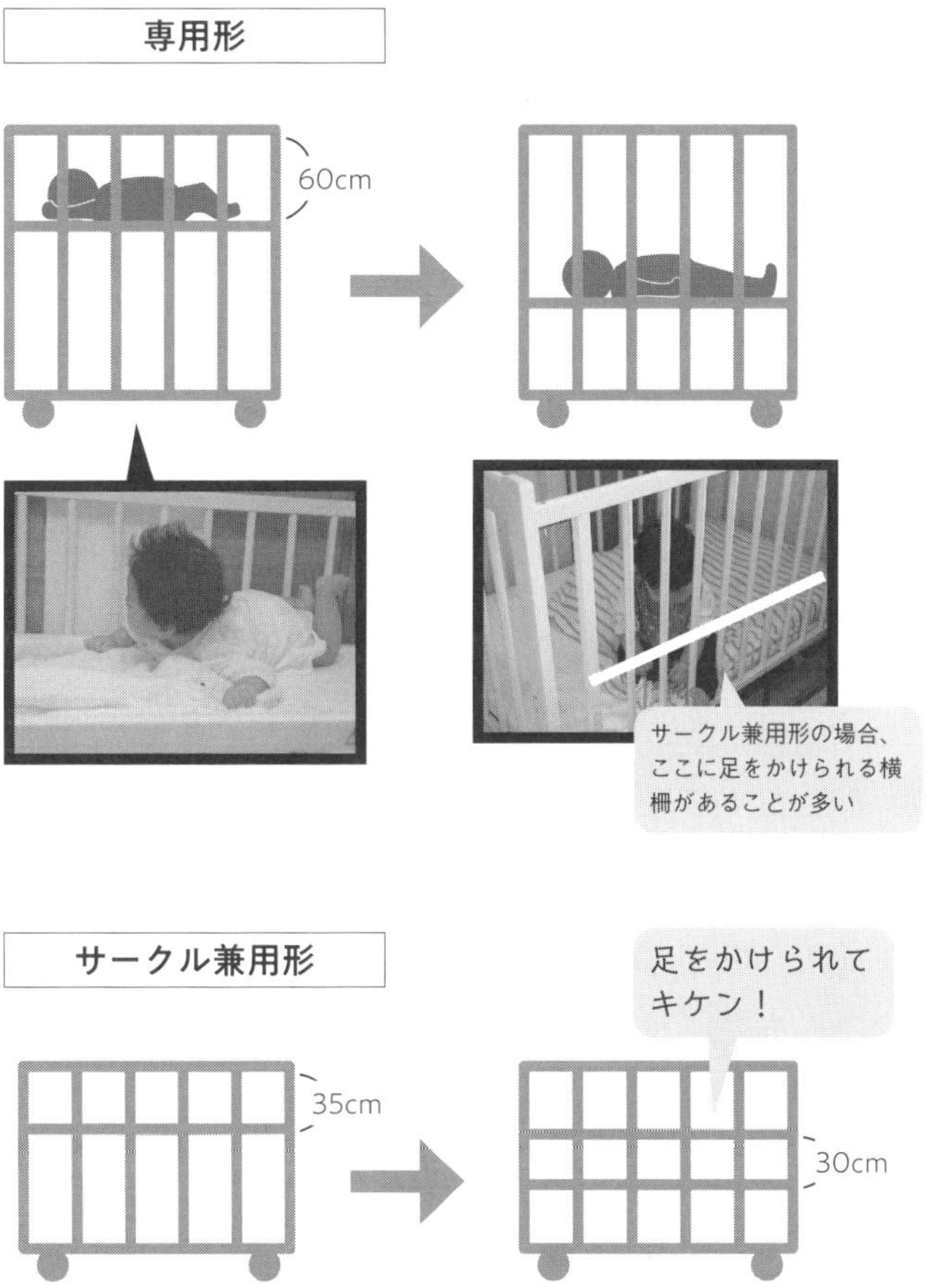

おもらしも窒息も心配いらず！　敷き布団の重ね方

敷き布団は、うつ伏せになった時に口や鼻が埋もれて窒息しないよう、固綿を使ったものを用意しましょう。眠ると深部体温が下がり、そのタイミングで汗をたくさんかくので、湿気をしっかり吸ってくれる通気性のよい素材がＧＯＯＤです。間違っても大人用のベッドに寝かせないこと。平成22～26年の厚生労働省発表の「人口動態調査」では、０歳児の不慮の事故死の原因の1位は就寝時の窒息で32％にものぼります。

大人のベッドで一緒に眠る添い寝は、安全性に問題がありますし、夜中の覚醒にもつながるので絶対にやめましょう。

固綿敷き布団の上には、尿漏れ対策で防水シーツを敷くことが多いと思います。けれども素材によっては蒸れて寝苦しくなってしまうこともあるので、綿など天然素材のシーツを使うか、シーツの下に湿気を防ぐパッドを敷くとよいでしょう。夏

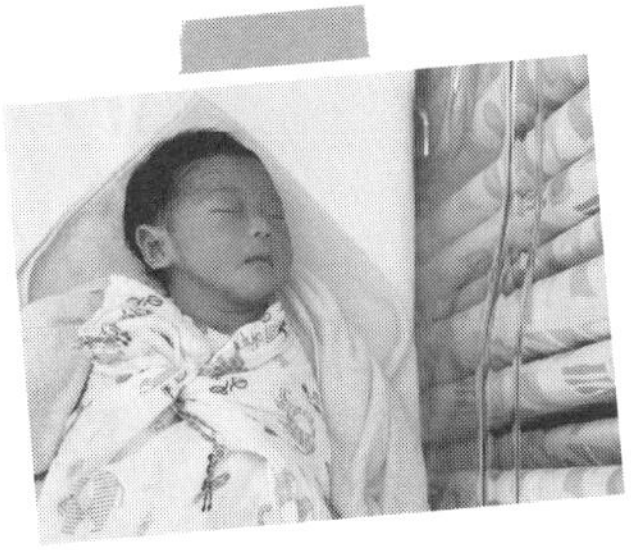

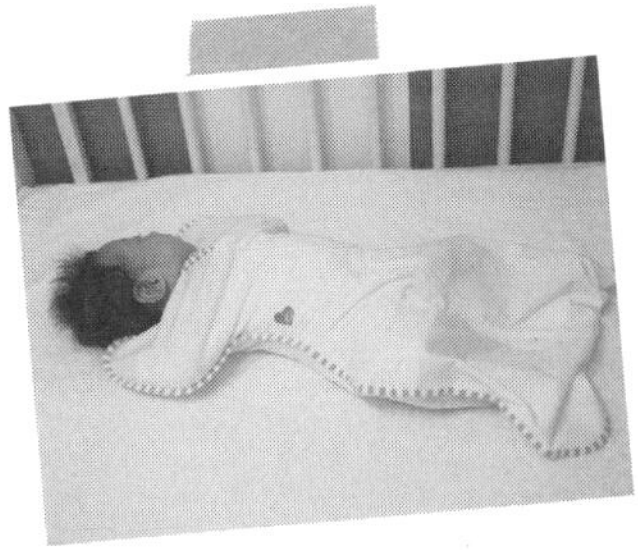

は通気性がよく、冬は保温性のある天然素材がおすすめです。

私の家では、防水シートの機能もついている固綿敷き布団に、キルティング加工が施されていて汗や湿気を吸い取ってくれるパッドを重ね、毛羽立ちやホコリが経ちにくいパシーマのシーツを重ねています。

モロー反射（急にビクッと両手足を広げる原始反射）をする赤ちゃんは、手足をおくるみできゅっと中に入れてあげましょう。お腹の中にいた時のような姿勢になり安心するからか、すんなり寝てくれることが多いです。

モロー反射を防ぎつつ、手が楽な位置に置けて自由に動かせるスワドルアップというものもあります。これは、指しゃぶりをすることもできる優れものです。息子の場合は、夜中途中で目覚めても指しゃぶりをして落ち着き、そのまま寝ついたこともありました。

末端からの放熱を促すために、手足は外に出ていたほうがいいのですが、それでも、モロー反射をする時期は、こうしたおくるみやスリーパーを利用するのがよいでしょう。ただし、寝返りをするそぶりを見せたら危険なのでやめましょう。

わかりやすい朝と夜の〝光の違い〟で、よく眠りよく育つ

私たちには、朝は太陽が昇ったら起床して、太陽が沈んだら眠るという当たり前の睡眠覚醒のリズムがありますが、午前中、特に朝の光は皆さんが思っている以上に大切です。

日光浴の目的は主に2つあります。1つは、睡眠のため。もう1つは成長のため。これは赤ちゃんだけでなく、ママにとっても大切なこと。

日光浴は2人の日課

太陽の光を朝浴びることで、体内時計に「朝が来たよ！」という情報を強烈に伝えることができます。そして、体のさまざまな臓器が

熟睡 POINT

1998年、母子健康手帳から日光浴の記載がなくなりました。さらに美白などの美容の風潮も重なり、極端に日光浴をさける方が増えました。その結果、現在、ビタミンD不足の大人・子どもが増えています。ビタミンDは骨やカルシウムの代謝に必要なだけでなく、免疫力や内分泌系の調整にも不可欠。2008年の京都大学の調査では、22%の新生児に、くる病の症状である「頭蓋ろう」がみられています。母乳にはビタミンDがそんなに多くないので、極端に紫外線を避けないようにしてください。

朝仕様に切り替わり、眠りホルモンの分泌が抑制されて体温や血圧がどんどん高くなります。高くなることで、夜にしっかり体温が下がるリズムがつきやすくなります。そうなると、意識しなくても自然にぐっすりと眠れる体になるのです。

朝起きたらすぐにカーテンを開けるのはマストですが、窓から離れれば離れるだけその効果は弱まってしまいます。ベランダに出られるようなら、起き掛けにお子さんと一緒に出ることをおすすめします。ちなみに、**子どもを起こそうとカーテンを開けるのは、無理やり睡眠を短くしているようなもの。**健康や成長のために、睡眠を分断するのはやめましょう。

生まれてすぐの赤ちゃんは紫外線を防御する機能が低いので、真夏の直射日光はよくはありません。けれど、早い段階から朝と夜の光の違いを感じさせることで、体内時計や自律神経が整い、早く夜通し眠る体がつくられます。

子どもにとっても親にとっても、**健康や成長のために、意識的に日光浴はきちんと行いましょう。冬なら1時間ほど、夏なら数分程度でOK**です。

夜は、外の明るさと連動させることが大事。冬なら17時台はすでに暗いので、それに合わせて部屋も暗くしていきましょう。眠りホルモンであるメラトニンが分泌されやすくなります。

無理して外に出なくても、ベランダで十分

太陽の光を浴びるなら、散歩が一番。いろいろな人や乗り物、植物を観察したり、風を感じて鳥の鳴き声を聞いたりと、脳と身体に適度な刺激を与えてくれます。ベビーカーに乗っているだけでも子どもは楽しいでしょうし、ママも気分転換になってよいでしょう。

けれども、まだまだ歩けない赤ちゃんなら、無理に散歩に行かなくても大丈夫。**ベビーカーに乗っているだけよりも、家の中でハイハイやつかまり立ちをさせていたほうが、活動量が増えて体温のメリハリが生まれるので、夜もぐっすり眠れるようになります。**がんばりすぎなくて大丈夫。太陽を浴びさせたいなら、ベランダや玄関前で日光浴をすればＯＫです。その程度なら、何の準備も必要ありません。気軽に、自分ができる範囲のことをしていきましょう。

天気が悪い日でも、ベランダや玄関前に出てみてください。

＼熟睡 POINT／

日光の紫外線が皮膚に照らされることで、神経筋機能や免疫力の調整機能のあるビタミンD合成が誘発されます。大人においても同様の効果があります。花粉症がひどい方、アレルギー鼻炎の方、よく風邪をひくママは子どもと一緒にベランダに出て、日光浴をしてください。

雨の日は太陽が雲に隠れて、家の中まで光が届きません。けれど、外に出れば夜熟睡スイッチをＯＮにするのに十分な光が降り注いでます。雨や曇りだからとあきらめるのではなく、雨だからこそ、外の光を浴びさせてあげてください。

我が家では、朝起きたら息子の部屋に行って抱っこをしてベランダに直行し、外を一緒に眺めるのが日課になっています。ベランダで何をするわけでもなく、空に向かって「おはよう！」と言ったり、「今日は雨だね」「晴れているね」「暑いね」「寒いね」と話しかけたり。太陽の光を浴びて体温や血圧が高くなり、しっかり目が覚めた私と息子の、最高の一日がスタートします。

ベランダに出られないご家庭や、大雨や台風の時のように、ベランダまで雨が入ってきて外に出られない場合は人工光を発する光アラーム時計を食卓に置いて、光を浴びながら朝食を食べるのもおすすめです。

保育園や幼稚園に預けている場合は、雨だと外遊びがなく、ずっと室内にいることもあります。そんな時は送り迎えの際に少し遠回りをして、日の光を浴びる機会をつくってあげましょう。「天気の悪い日は、このルートで保育園まで行こう」と決めておけば、自然と習慣になります。

風邪気味や体調不良で眠りにくい時は断然お風呂

風邪をひいている時は、昼間の眠気がいつもより増します。眠そうなら、寝かせてあげてください。

風邪をひいて鼻が詰まって苦しそうな時は、鼻水の吸引器を使用しましょう。ママが口で吸うタイプは、直接菌がママの口の中に入ることもありますし、直接入らないタイプでも、ママがうまく吸えずに疲れることもしばしば。コンセントに差す電動タイプのものをお風呂上がりなどに使ってあげてください。

明らかに高熱が出てだるそうな場合、お風呂は無理に入れないこと。体力を消耗して余計に熱が上がってしまうこともあります。

高熱もなくて元気そうなら、髪の毛は洗わず、お風呂の湯舟にチャプンとつからせてあげましょう。体温が上がれば免疫細胞が活性化してウイルスと戦ってくれま

＼熟睡 POINT／

体調不良だけでなく、お座りやつかまり立ちができるようになった時など、成長・発達の節目などに突然、夜中に目を覚ますようになることも。あわてず、いつもどおりのルーティンを続けましょう。

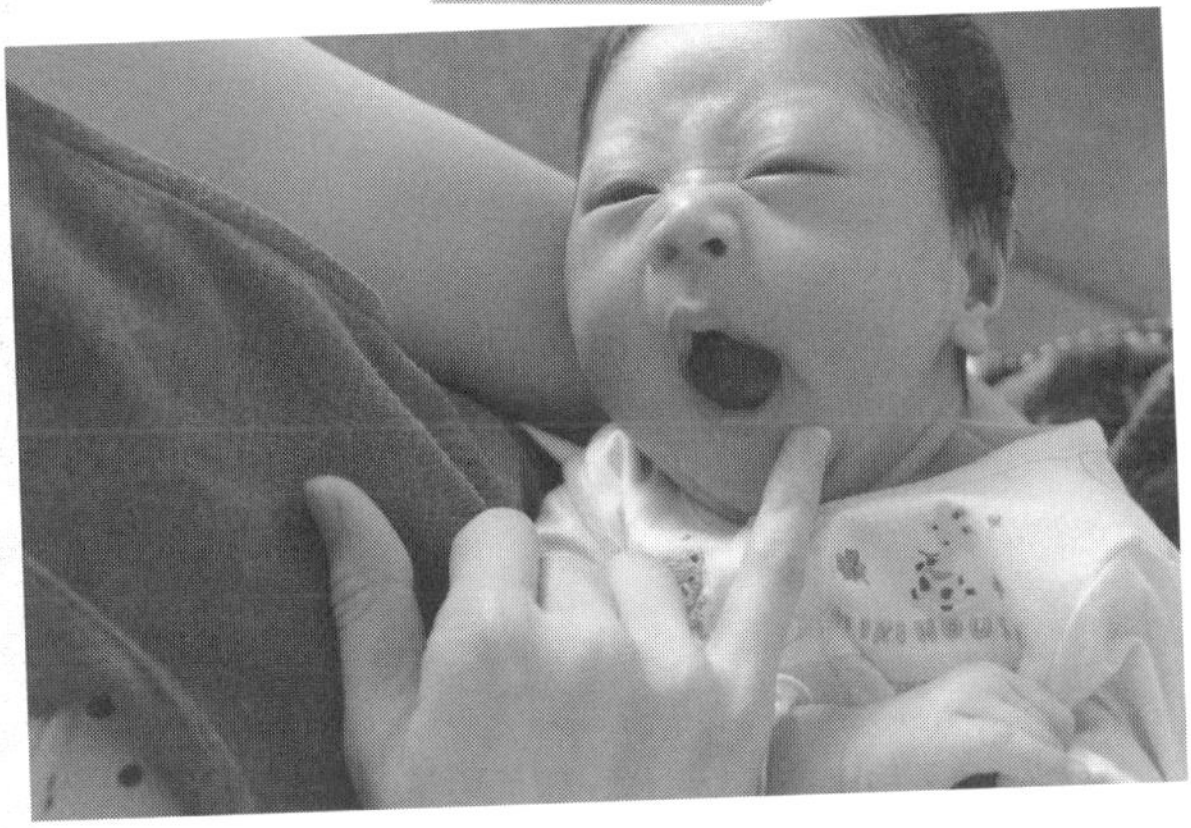

熱がないなら、お風呂に入れてベッドへ直行

すし、体表面の血流がよくなれば眠りやすくなります。お風呂後は素早く服を着させて、ベッドへ直行しましょう。

体温が高いと心配だからといって、すぐに解熱剤を使うのは考えものです。熱が出ているということは、免疫細胞たちがウイルスと戦ってくれている証拠。免疫力が低下するなど、頻繁に使うことのデメリットのほうが大きいこともあります。

寝かしつけをしなくてよくなってからでも、熱が上がって体がだるくなり、急に甘えん坊になって眠るギリギリまでママにそばにいてほしい子も出てきます。そんな時は心を鬼にしなくて大丈夫。隣で身体をトントンしてあげたりして安心させてあげましょう。

いろいろ試しても寝てくれない時は〝うっとり習慣タイム〟を

何か原因が明らかにあって、寝つきの際に興奮している場合は、大人も行う〝うっとり習慣（詳細は１０６ページ）〟を行いましょう。まずは抱きしめてあげてママの匂いを感じさせてあげてください。**耳周りや鎖骨付近、手や足裏をマッサージするのもいいと思います。この時、部屋の電気は消したままにしておきましょう。お風呂から時間があきすぎてしまっていたら、洗面所にお湯を張って、足だけつけてあげるのも手**です。

音楽もＧＯＯＤです。胎内音のような、ゴーという音が落ち着くという説もありますが、ママが耳障りだと感じるようなら、わざわざ使う必要はありません。それよりも、**科学的に睡眠に効果的だということが実証されているヴァイオリンの音を聴きましょう。**

ビブラートによって音に不規則なゆらぎが生じ、それが心地よさにつながるとい

オキシトシン分泌中

※オキシトシン＝リラックス効果のあるホルモン

う研究結果が出ています。ハープの音もいいですね。

モーツァルトもいいという研究はありますが、テンポが早くなったり遅くなったり一定でなかったり、時に強く、時に悲しい曲調に変わるので、寝付く際の導入音楽としては△です。YouTubeで検索するとたくさんヒットする「赤ちゃんの睡眠音楽」を利用するのもよいかもしれません。

音楽は、赤ちゃんのためというより、「なんで寝てくれないの!?」というママのイライラを抑える効果も期待できます。ママが穏やかなら子どももそれを察し、穏やかになるものです。

Chapter 2

赤ちゃんの熟睡スイッチを無理やりOFFにしない

赤ちゃんがぐっすり眠るために大切なことが、もうひとつ――せっかくすやすやと眠っているのに、熟睡スイッチをOFFにするのはNGです。

「もうそろそろお昼寝の時間が終わりだから起こそう」

「朝なのに起きてこないから起こそう」

「これ以上眠ると夜の寝つきに影響するかもしれないから起こそう」

人間は誰しも、睡眠が深くなったり浅くなったりを繰り返しながら浅い眠りにシフトし、朝を迎えて自然に目覚めます。そして、朝の浅い眠りの間も少し深くなったり浅くなったりを繰り返しています。もし、深くなっているタイミングでママに起こされたら、赤ちゃんはどんな反応をするでしょう？ あなたが寝ている時に、無理やり起こされたら気分がよくありませんよね？

赤ちゃんも同じで、無理に起こすと寝起きが悪くなりがちです。逆にあと1分長く寝ていれば、自然に眠りが浅くなって自ら起床できていた、ということも十二分にありえるのです。私の手元に、区から発行されている赤ちゃんの睡眠対策についてのチラシがあります。そこには、こう書かれています。

〝朝7時に起こそう、昼寝は15時までに切り上げよう〟

確かに、2歳を過ぎたら、長すぎる昼寝や遅い昼寝が夜の睡眠に悪影響を及ぼし、寝つきが悪くなったり朝の寝起きが悪くなったりすることはあります。けれども、0才児の体内時計を矯正することに私は反対です。赤ちゃんにとって負担でしかないですし、実はそんなママのがんばりがきっかけで夜泣きの元をつくっていることも多いのです。

人間の身体はロボットと違って、その時間ぴったりに目覚められるようにはできていません。前日に運動をしたとか、たくさん太陽を浴びたとか、寝ている間に親のいびきの音で眠りが少し浅くなったとか、いろいろなきっかけで睡眠時間は数分長くなったり短くなったりするものです。

だから、まずは「朝が来たから起こそう」とか、「もうお昼寝の時間が終わるから起こそう」なんて考えないこと。声をかけずとも、カーテンを開けて光を取り入れるのも睡眠の妨害です。起こしたその1分後に、最高の目覚めが得られるかもしれないのですから。

赤ちゃんはちゃんと昼と夜を知っています。眠ることも、まだまだ下手だけど知っています。もともと備わっている眠りを妨げないことがとても大切です。

退院後は母子別室で母子ともに睡眠の質UP

（子ども部屋を用意できなくても大丈夫）

熟睡スイッチをＯＦＦにしないために大事なのは、体内時計のリズムを妨げないこと。赤ちゃんには、弱くても体内時計が形成されています。けれども親の都合や、書籍やネットの情報を鵜呑みにして、親の働きかけによって体内時計を乱してしまっては、よい結果は得られません。親が楽をしたいからといって、子どもの眠りをコントロールするのは逆効果。子どもがもともと持っているリズムを妨げず、促してあげるようにしましょう。

そのために強くおすすめしたいのが、退院後、**ママと子どもが別々の部屋で寝るということ。これは、いわゆる〝ネントレ〟のような無理やり1人寝を促すものではありません。一緒に眠るのは確かに幸せ。でも、いびきや寝室に入ってきた時の物音、寝返りの音、スイッチのオンオフのような小さな音でも、眠りを妨げることがわかっています。**たとえその音で起きなかったとしても、眠りが浅くなる可能性があることが研究でわかっているのです。

＼熟睡 POINT／

産後の病院では母子同室をすすめています。理由はすぐに授乳できるため母乳の出がよくなることと、育児の自信がつくからです。出産直後だけはぜひ1人で十分な睡眠をとってほしいですが、それ以降は心強い助産師さんとタッグを組んで、産後に始まる2人生活の基盤をつくれるよう赤ちゃんをよく観察してください。

＼熟睡 POINT／

睡眠を妨害すると、免疫細胞の活動を妨げることがわかっています。スイスのベルン大学とマギル大学のマウスを使った研究では、レム睡眠を分断した場合、記憶がうまく形成されないという報告が出ています。

産後すぐは特に、「赤ちゃんと寝ているかな、生きているかな？」などと気になって、**ちょっとした物音や寝言などに敏感になってしまい、ママの眠りを妨げてしまう**こともよくあります。けれども、産後すぐは寝返りもないため、過度な心配をする必要はありません。これが母子別室なら、ちょっとした赤ちゃんの泣き声や寝言にいちいち反応しなくて済みます。いい距離感をとることができるので、母も子もぐっすり眠ることができます。

また、**夜泣きしたからといって赤ちゃんが覚醒しているとは限りません。ただの「寝言」を言っている可能性もあるのです。**「えっ！　こんなにギャン泣きしているのに寝ている状態!?」と思われるかもしれませんが、実際そういうことは多いです。夢を見ながら、夢の中で泣いているのかもしれません。

けれどもママは、「もうおっぱいの時間かな？」と抱き上げて、おっぱいをあげてしまいがち。もちろん、自分の泣き声でそのまま起きてしまうことはあります。けれど、「もうおっぱいの時間ね」とママが確認もせずに赤ちゃんを抱き上げてしまうのは、睡眠を妨害しているだけなのです。さらにそれがきっかけで夜泣きが増える研究データもあります。

＼熟睡 POINT／

ラットの研究ですが、睡眠中に起こして食事を与えたところ、与えなくなっても睡眠中に起きる習慣ができてしまった、という結果が出ています。ママの勘違いで抱っこしてしまったことで、夜中の覚醒習慣を作ってしまう可能性がある、ということです。

特にパパも同室の場合は、「パパを起こしてしまわないように……」という意識が働くのでなおさらです。私自身も実家に帰省した時、家族で川の字で寝たのですが、子どもが泣いた時、パパを起こさないよう、すぐに抱きかかえておっぱいを飲ませてしまいました。でもどうやらまだ寝ている状態で、しっかりおっぱいを飲まずそのまま寝てしまって、数十分後にまた起きてしまった、ということがありました。

赤ちゃんが泣いている時は、「まだ眠っている……かも？」と3分くらいは観察してみるとよいでしょう。これは、泣かせて1人寝を促す訓練ではありません。単純に寝言であることも多いので、それを判断するために大事な時間なのです。

部屋数が足りない場合は、物置として使っている部屋やリビングを引き戸などで分けて小部屋を作るなど、まずは今の環境で子どもの寝室を用意できないか検討してみてください。

それでもどうしても部屋を用意できない場合は、産後はママよりパパのほうが赤ちゃんの声に鈍感なことが多いので、「子ども・パパ・ママ」という並びで寝て、ママの隣に子どもを寝かさないようにしたり、カーテンや衝立などで視界に入らないよう工夫してみてください。その際も川の字で寝るのはなるべく避け、赤ちゃんはベビーベッドで1人で寝かせるようにしましょう。

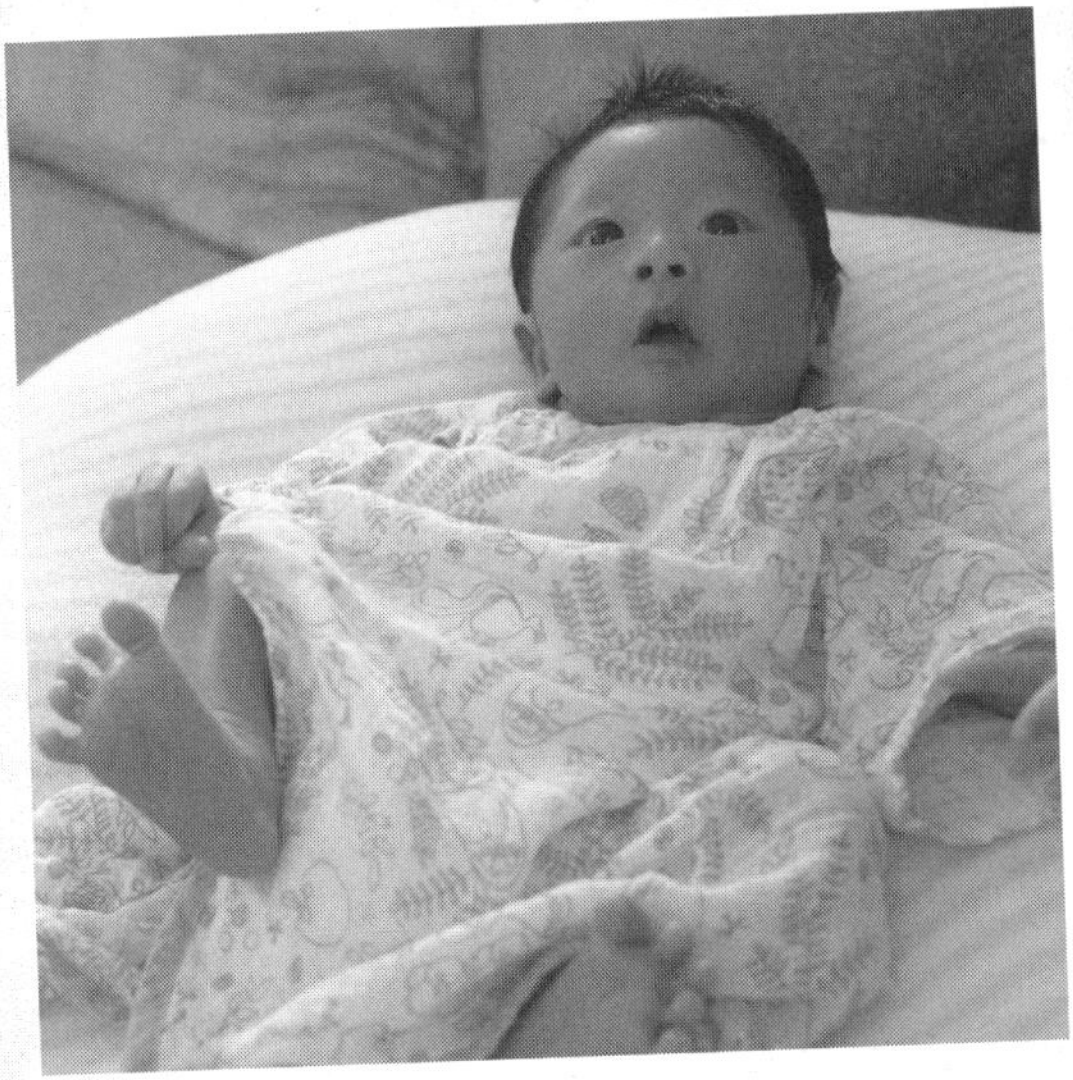

退院直後から、母子別室。
親が起きている間は、キッチン隣の引き戸の部屋を
息子の部屋とし、いつも見守れる体制に。
夜は、親の寝室や赤ちゃんの部屋の扉を
すべて開けて、何かあったらすぐに行けるよう準備。
赤ちゃんの背中の下に敷けるタイプの
センサーマットも用意をしていたのですが、
硬いプラスチック製のもので寝心地が
悪くなりそうなので、結局一度も使いませんでした。

母子別室が心配ならベビーモニターを用意

＼熟睡 POINT／

母子別室・同室の研究はいろいろありますが、いわゆるネントレのような、無理やり1人寝を促す方法をとると母子ともにストレスになります。赤ちゃんの生体リズムを妨げずに促して、1人で眠るのが自然なことだと教えてあげるのが大切です。

母子同室を希望するママが恐れているのは、乳幼児突然死症候群でしょう。「うつ伏せになって窒息してしまったらどうしよう」というわけです。寝返りができるようになったころは、心配になる気持ちはわかります。

けれども実は乳幼児突然死は、うつ伏せ状態で発見されることが多いというだけで、窒息だけが原因ではないことがわかっています。もともと疾患があり、それが影響していることもあります。

現在、医学の発達とともにこれまで「原因不明」とされていた乳幼児突然死の件数は少なくなってきています。

過度に心配するのではなく、事実を知り、その上で例えば窒息しづらい赤ちゃん用の敷きマットで寝かせたり、ベッド内におもちゃやぬいぐるみ、お布団を入れな

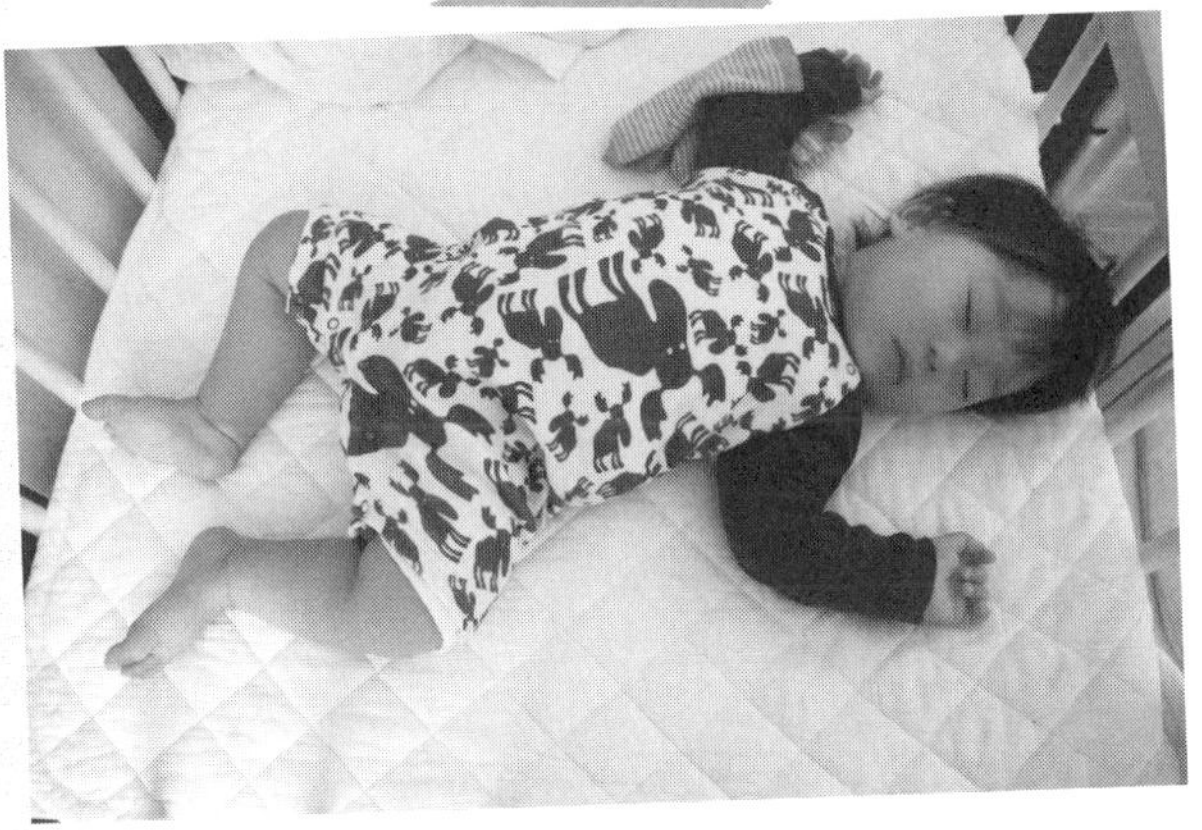

ベッド内には何も置かないこと！

いなどの対策をしましょう。

それでも気になるようなら、ベビーモニターで赤ちゃんの様子を親の寝室から確認できるようにするとよいでしょう。ただし、ベビーモニターから泣き声が聞こえた瞬間、急いで赤ちゃんの部屋に行って抱っこ、ではあまり意味がありません。

例えば、大人が起きている間はベビーモニターを用意して確認し、すぐに行くべきかどうかを判断してください。そして、大人が寝る時はベビーモニターを消すかママから少し離して設置し、寝室の扉や廊下の扉を少し開けておいて、何かあった時にすぐに行けるようにしましょう。

ママと一緒に寝たがったら……

一緒に眠るのは確かに幸せ。でも、お互いの睡眠の質と量を高めて健康や成長、情緒の安定を求めるなら、**母子別室は早ければ早いほうがいいでしょう。**なぜなら、「自分の部屋のベッドで1人で眠るのは自然なことで、これはさみしいことでもなんでもない」ということが、自我が芽生える前から当たり前になるからです。

ただし、自我が芽生えている2歳くらいの子どもは、「ママと一緒に寝たい！」と強く希望して、母子別室どころか同じお布団に入ってくることもあると思います。うれしい反面、寝相が悪いことが多いので、確実にママの睡眠の質は低下します。そんな時は、左ページの方法を試してみてはどうでしょう？　お子さんの性格、環境、状況を踏まえて、ほかにも方法を考えてみましょう。

もし、**一度でも成功したなら、1人寝を続けさせましょう。**とはいえ、旅行や実家へ帰省した時など、環境が変わるとママと一緒に寝たがることもあります。その場合は一緒に寝てあげて、改めて1人で寝られるように促してあげてください。

＼熟睡 POINT／

もし旅行などで体内時計が崩れていれば、それが1人寝できない原因かもしれません。また、いつも母子別室なのに、実家では母子同室で一緒に寝たがったりする場合は、ご実家でも何か工夫できないか考えてみましょう。

「1人で眠る」を促す作戦

子どものお気に入りの環境にするため、1人用のベッドや布団を一緒に買いにいき、商品を選ばせる。

誕生日や学年があがった時、引っ越しなど、時期を決めたり、何かきっかけを用意して、ここからは別々の部屋で寝ようかと約束させる。

下の子を懐妊したタイミングで、お兄ちゃんorお姉ちゃんを強調して促す。

一緒に眠るためのぬいぐるみ(やわらかい感触のものなど)を一緒に買いに行き、選ばせる。

21時以降に母子そろって眠りにつくと総睡眠時間は短くなる

Chapter1で就寝時刻の話をしましたが、それでも「ママが眠る時刻と赤ちゃんが寝る時刻を合わせたほうが楽だから、我が家の就寝時刻は21時」という方もいらっしゃるかもしれません。

けれども、例えば一緒に21時頃に寝て、2時頃に授乳で起きたとします。その後また一緒に眠って朝に目が覚めます。さて、夜の睡眠時間は合計して10時間になるでしょうか？

10時間寝かせるには、授乳で90分間起きたとして朝8時半まで寝ているという計算になります。東京だったら日の出の時刻は夏だと4時半頃、冬だと7時頃です。

私たちは、**太陽がのぼると「朝が来た！」という情報が脳に伝わって体温が高くなり、覚醒します。外が明るくなってきたと同時に、自然に早く起きる子だっているんです。**

＼熟睡 POINT／

子どもとお風呂につかった場合、大人は十分に温まらない状態でお風呂から上がることになるので、ママの睡眠の質が低下する可能性もあります。

＼熟睡 POINT／

子どもだけ早い時刻に寝かせると、子どもの睡眠時間が確保されるだけでなく、ママの自由時間が増える大きなメリットがあります。生活習慣を変えるのは、最初こそ大変な気もするものですが、変わってみたら、その心地よさに感動することも！

そのまま寝ている子もいるかもしれませんが、朝の太陽を浴びる時刻が日の出よりもかなり遅くなってしまうと、**体内時計が後ろにずれるリスクもあります。だから、子どもだけ早い時刻に寝かせてほしいのです。**

親の生活音で自然と目が覚める子もいます。そういうこともあって、私は母子別室を推奨しているのですが、同じ部屋で寝ている場合、アラーム時計の音で赤ちゃんの目が覚めることもあるでしょう。

そうなると、ますます夜の睡眠時間10時間を得ることが難しい、ということになります。

というわけで、「親が楽だから」という理由で就寝時刻を遅く設定すると、熟睡スイッチを無理やりOFFにすることになってしまいます。赤ちゃんの睡眠時間をきちんと確保できるよう、就寝時刻を設定してみてくださいね。

ちなみに、**就寝時刻は小学校に上がるまで変えずに続けることをおすすめします。**もちろん総睡眠時間は赤ちゃんのほうが長いのですが、夜の睡眠時間の必要量は小学校に上がる頃まではあまり変わりません。お昼寝時間がなくなるだけなのです。

寝室は真っ暗に！　でも深夜の授乳は…？

人間の身体には、明るくなれば元気の素セロトニンが分泌されて眠りホルモンのメラトニンが低下、暗くなればメラトニンが分泌されてセロトニンが低下するというメカニズムがあります。そのリズムに合わせて、室内の明るさは外が暗くなれば暗くしていきましょう。日本の夜のリビングは明るすぎます。特に日の入りの早い冬は夕飯時には外は真っ暗。電気を暗くしたり、白色の照明からオレンジ色の照明に切り替えましょう。

また、寝室は真っ暗にしましょう。眠ると眼球の筋肉の弛緩により目を閉じても光を感じる器官がまぶたのすぐ下に位置するので、豆電球ほどの光でも眠りの質に影響を与えます。ただし、カーテンの裾から漏れる街灯の光や月明かり程度なら問題ありません。

これは成長して大人になっても同じことが言えます。**自覚のない赤ちゃんの時から、暗くして眠ることを習慣にしていきましょう。**暗闇が怖いと思わないよう、外

＼熟睡 POINT／

ちなみに豆電球ほどの光でも、肥満度が上がることがわかっています。平成25年、奈良県立医科大学で行われた528人対象の研究で、夜間の豆電球（平均3ルクス以上）の光は、それ未満と比べ、肥満症や脂質異常症の有病割合が 1.9 倍になったということが報告されています。

＼熟睡 POINT／

お昼寝の時は、明るくてもOK。お昼寝中は太陽が高い時間帯なので、カーテンを閉め切って電気も真っ暗にして、あたかも夜のようにしてはいけません。夜ではないのですから、昼と夜の区別をつけるためにも大切なこと。光の刺激が強いようなら、カーテンは開けたまま天井の電気だけ消すとよいでしょう。

界の明るさとの連動に加え、先述のように明るい光が使われがちな浴室や脱衣所も暗くすることが大切です。

注意したいのは、深夜の授乳。私は産後すぐ、深夜の授乳の際に、看護師さんが電気をつけて「おはよう！　おっぱいの時間だよ」と言って起こされましたが、これには問題があります。

それは電気をつけたということ。もちろんおっぱいをしっかりくわえないとミルクが出ないので、それを確認するためだと思いますが、看護師さんによると、赤ちゃんはまだ昼夜の区別がついていないから大丈夫とのこと。

けれども生後2日目には、わずかではありますが昼夜の体温差がありますし、今後早く昼と夜をしっかり区別させるためにも、「昼間は明るく、夜は暗く」の区別をきちんとつけてあげることが大切です。

おっぱいをちゃんとくわえているかの確認は昼間にしっかり行って、**夜はできる限り暗く、せめて少し遠いところ、または小さな光にとどめる必要があります。**私はそれ以降、看護師さんに電気はつけないでとお伝えし、小さな照明を用意していなかったので、ベッドのカーテンを少しあけて、病室の常備灯の光を取り入れられるようにして授乳をしました。

深夜のオムツ替えはしなくてＯＫ

空っぽの胃におっぱいやミルクが流し入れられると、大腸が動いて排便が促されます。特に新生児や月齢が浅い子はゆるゆるうんちなので、流れ出ることもあります。おむつを変えないわけにはいきません。**深夜にどうしてもおむつを替えなければならない時は、寝室ではなく隣の部屋や廊下の電気を取り入れるなどして赤ちゃんの目に直接、光が入らないよう工夫してください。**

昼夜の区別が少しずつついてきて、新生児のようなべちゃべちゃうんちではなくなったら、「絶対おむつを替えなければならない」という強迫観念は捨ててしまいましょう。うんちやおしっこでおむつが蒸れていると寝苦しくて泣いてしまうのではないかと考えがちですが、布おむつを除いて、最近のおむつは高性能なので、ちょっとくらいうんちをしていても、そこまで眠りに影響しません。

それよりも、深夜におむつを脱がされ、少し冷たいシートでお尻を拭かれ、また新しいおむつに替えられるという行為のほうが、赤ちゃんの熟睡スイッチをＯＦＦ

＼熟睡 POINT／

イギリスのレスター大学の研究によると、深夜に授乳したほうが、赤ちゃんが短時間で目覚めるという結果が得られています。離乳食が軌道に乗ってきたら、深夜の授乳は控えてもよいでしょう。

にする可能性が高いです。

もし深夜のおむつ替えが必要ならば、「○○ちゃん、おむつ変えようね〜」などという声掛けはNGです。もちろん、赤ちゃんには「おはよう」なんて言葉はまだわかりません。でも、体内時計を重視していない声掛けですよね。知らず知らず言葉と五感がリンクしないよう、深夜のその言葉が習慣にならないように気を付けましょう。**声かけは一切せず、無言で行います。深夜授乳の際も、無言でOK。**「おはよう！」

「ただの寝言なのに、ママが夜泣きだと判断してすぐさま抱っこ」することで赤ちゃんの熟睡スイッチがOFFになる。「起きてさらに大泣きする赤ちゃんを泣き止ませようと授乳」することによって、赤ちゃんがうんちをする。「おむつを替える」ことで、完全に熟睡スイッチがOFFになり、その後すぐに寝てくれなくなる。これらが習慣化して、翌日も翌々日も夜に熟睡スイッチがOFFになってしまう――こういうことはよくあります。

だったら、いっそのこと見て見ぬふりをするのもいいと私は思うんです。完璧にママががんばる必要はありません。ちょっとくらいうんちがついていたって、大丈夫。「もう深夜はおむつを替えない！」と決めてしまってもいいくらいです。

朝にカーテンを開けて無理やり起こさない

いろいろな書籍やネット、区からのお知らせ、情報誌などを見ると、「朝は決まった時間にカーテンを開けて起こしましょう」と書かれています。でも、ちょっと待って。それ、子どもの睡眠を妨げています。

基本的に朝の眠りは浅いのですが、「浅い」とひと口に言っても、そのなかで眠りがさらに浅くなったり深くなったりしているものです。そして、もっとも浅くなったタイミングで自然に起床ができると、「あぁ〜よく寝た！」となります。これは、大人も子どもも同じです。

つまり、**カーテンを開けて赤ちゃんを無理やり起こす行為は、その1分後に気持ちよく自然に目覚めるチャンスを奪っているかもしれない、ということ。**焦らず騒がず、赤ちゃんの睡眠リズムを崩さないように、そのまま寝かせてあげましょう。

赤ちゃんは、朝起きて学校や会社に行くわけではありません。慌てて起きる必要は

＼熟睡 POINT／

朝の睡眠が少し深くなったところで起こされてしまうと、睡眠慣性、いわゆる「寝ぼけ」状態の解消に少し時間がかかってしまいます。赤ちゃんの場合、いつも泣いて起きるようなら、睡眠慣性が強く出ていると言えるでしょう。

ないのです。ママが通勤の準備をする場合は、赤ちゃんが起きてくるまでに自分の身支度を終わらせておきましょう。

また、Chapter1で述べたように、夏と冬では日の出時刻が2~3時間も違います。季節問わず、毎回同じ時刻に起こすのは、熟睡スイッチを無理やりOFFにする行為にほかなりません。

母子同室で寝ている場合、起きるためにアラームを設定している方も多いようですす。その音で赤ちゃんも起きていませんか?

たとえ起きなくても、眠りが不自然に浅くなることも考えられます。赤ちゃんへの影響はゼロではありません。

自然に起きる時刻が、Chapter1でだいたい決めた起床時刻より2時間も3時間も後ろ倒しになっているようなら、体内時計が後ろにずれてしまっている可能性があります。その場合は、起床時刻を改善するよりも、午前中にたっぷり日光を浴びさせてあげたり、日中に体や脳への刺激を増やしてあげたり、寝る前にきちんとお風呂に入って眠らせる工夫をしたりしてみてください。

15時以降の昼寝も起こさなくていい

15時以降にお昼寝をすると、夜の眠りに影響が出る——さまざまな情報誌などに記載されているこのセオリーは、0歳児の赤ちゃんにはあてはまりません。それよりも、寝ている赤ちゃんを起こすほうが大問題です。

その時間に寝ているということは、遊び疲れたのかもしれません。なんにせよ、赤ちゃんは睡眠が必要だからお昼寝しているのです。

昼寝も浅い眠りの中で浅くなったり深くなったりを繰り返しますから、中途半端に深い時に起こしてしまったら、寝起きが悪くなります。

赤ちゃんが1歳になるくらいの頃は朝寝が後ろにずれ、昼食前にお昼寝をして、その後、遅い時間（例えば14時とか15時など）からお昼寝をすることもあります。

それを知っていれば、無理に起こす必要がないと思えるでしょう。

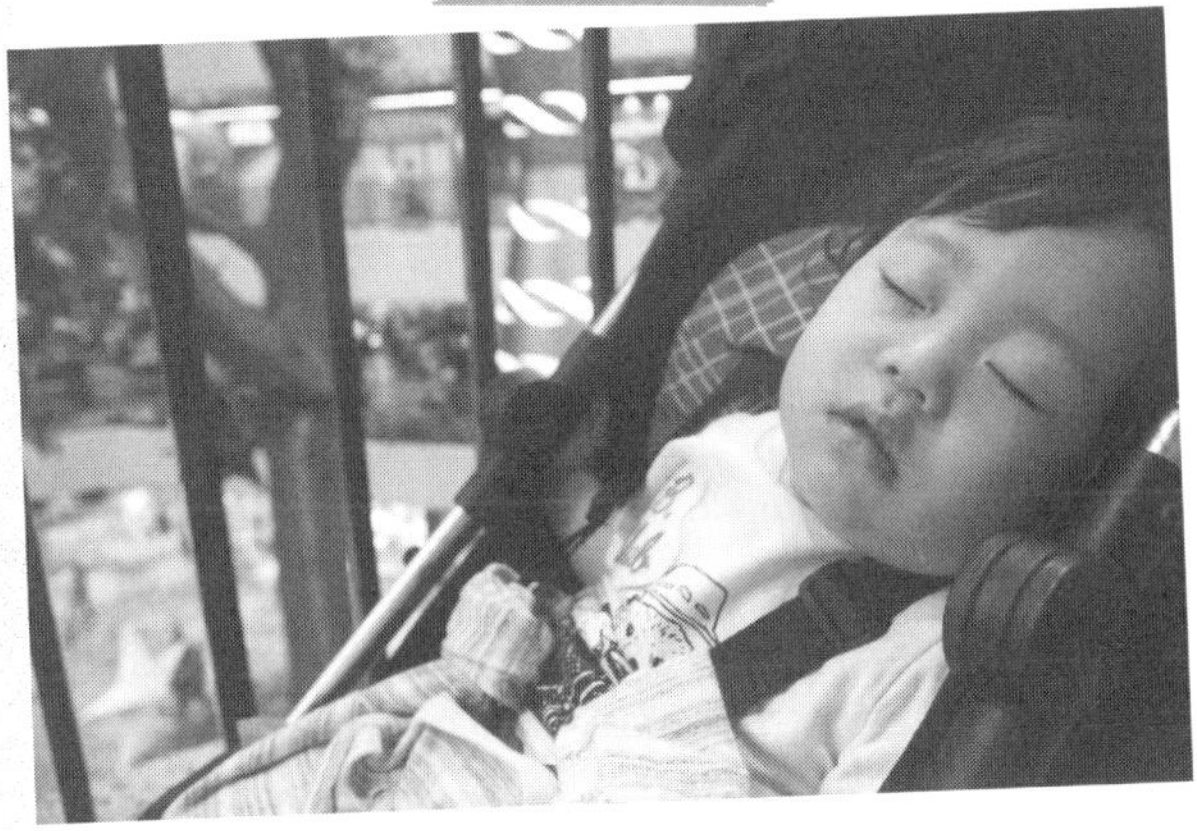

寝たいだけ寝てていいよ

昼食中に寝てしまった場合は、そもそも午前中のお昼寝がとれていなかったのかもしれません。とはいえ、その時間から昼寝をさせると、昼食の時間が大幅に後ろにずれてしまいます。そんな時は冷水で両手を洗ってから食べさせると、少しは目が覚めます。眠い状態のまま食べさせると消化にはよくありませんが、食事量が少し少なくなってもいいので、ある程度食べてくれたら、すぐに寝かせてあげましょう。

何度もお伝えしているように、消化器系の体内時計はとても大事なので、なるべく乱さないようにしてください。ただ、この場合の問題はそれまでに十分な昼寝をさせてあげられなかったことにある場合がほとんど。翌日からは、きちんと眠いタイミングで寝かせてあげましょう。

保育園での昼寝と日光浴、そのモンダイと対策

＼熟睡 POINT／

保育園にもよりますが、午前中のお昼寝（以後、午前睡）が必要な年齢（0〜1歳）なのに午前睡がなくなってしまい、その結果、昼寝が足りなかった子どもが夕飯を食べる前に寝てしまうことがあります。

息子が0歳の頃、保育園をいくつか見学した時のお話をします。昼11時頃に見学に行った時、1歳半の男の子が太陽が入らない部屋で、1人遊びをしていました。保育士さんに聞くと、ほかのみんなはお散歩に行ったけれど、この子はみんなで散歩に行く前に眠ってしまったので散歩ができなかった、とのこと。

「午後はお散歩に連れていくのですか？」と聞いたところ、「いいえ、午後はみんなで室内で遊ぶ予定なので外へは出ません」という回答が返ってきました。

お昼寝も大事。でも、太陽を浴びる機会もとても大切です。午前睡中にわざわざ寝ている子どもを起こすのはよくありませんが、子どものためにできれば1日一度、特に午前中の日光浴の機会を設けてほしいと感じました。

ちなみに息子は、11か月の頃から別の保育園に預けています。通い始めの頃、先生から「午前中、眠そうにしていましたが、がんばって起こして、お昼ご飯を食べ

＼熟睡 POINT／

逆に2〜3歳児を保育園に預けている場合、午後のお昼寝（午後睡）が長すぎたり不要になっている午後睡を強要されている問題があります。その結果、夜の寝つきが悪くなったり、夜更かしをしてしまったり、朝すっきり起きられなかったりといった問題が生じています。

させ、それからみんなと一緒にお昼寝をしました」と教えてもらった日がありました。その日は帰宅後、夕方に大泣きした末に疲れて眠ってしまい、夕食の時刻が後ろにずれてしまいました。

翌日、私は先生に「1歳半くらいまでは、まだまだ午前睡が必要な子が多い」ということをお伝えして、「眠い時は起こさずに眠らせてください」とお願いしました。とはいえ、午前中の日光浴に置いてけぼりは困ります。

「でも、10時からの日光浴までだったら、起こしてもらえるとありがたいです。みんなで乗るベビーカーで寝たら、そのまま寝かせてください」

ダメ元でお願いすると、意外にも快く了承していただけました。その結果、日光を浴びながらお昼寝をすることもできるようになり、お迎え後も元気に夕飯を食べ、お風呂に入り、スムーズに夜睡眠を行えるようになりました。

保育士の数が少ない、給料が低い、過重労働etc.——さまざまな問題があるから、無責任に母の意見を押し通すのはよくはありません。けれども**ママも保育士も知識があれば、昼寝に対する姿勢が変わってくるのは確かです。**今お通いの保育園で、どう歩み寄ってどんな対策ができるのか？　一度話し合うのもいいと思います。

睡眠を妨げず、賢くなるテレビの見方

テレビは学習ツールになるきっかけになりますが、その付き合い方は気を付けていきたいもの。睡眠を妨げないためにも、視聴時刻を決めてあげたほうが安心です。

もちろん**寝る前に見せるのがよくないのは、皆さんご存じのとおり**です。

大人は夕食を食べてからお風呂に入って眠るまで、だいたい4時間を私は推奨しています。お風呂に入るのを就寝1時間前とすると、2～3時間はテレビを見る時間があります。

一方、子どもは夕食から就寝まで時間があまりありません。夕食を18時に食べはじめたとして、20時半に寝かせたいなら、だいたい18時半～お風呂に入るまでの1時間ほどしか時間がないのです。

この時間、ママは食器洗いなどをしたい方が多いため、テレビをつけて、1人で見させているご家庭も多いでしょう。けれどもこの時間帯、外に目を向けると日が

＼熟睡 POINT／

2014年の九州大学の研究で、子どもは大人よりも水晶体（目のピント調節をする器官）の透明度が高いため、大人より2倍近く夜の光の影響が及ぶことがわかっています。

＼熟睡 POINT／

過度な音や光の刺激を浴びることで、大脳の言語野の萎縮が認められたという報告もあります。

沈んであたりが暗くなりつつあるはず。そんな時刻に明るいリビングでテレビを見させるのは、睡眠に影響を与える可能性が高いです。

特に月齢が小さな子どもにとって、映像は見ることで脳活動量が増えるため刺激が強すぎます。そう考えると、**テレビを見るのは夕食前**にしたほうがよさそうです。午前中や日中は、太陽を浴びて外遊びをさせることを優先したいですね。

視聴時間は悩みどころです。

２００７年にアメリカ・ワシントン大学が１００８人の乳児（2～24か月）を対象に行った調査で、生後８か月から16か月にＤＶＤで語学の勉強を１時間以上させていた幼児の語学や認知の発達が遅れていた、という結果が出ています。17～24か月のＤＶＤ視聴では差はありませんでした。

とはいえ生後８か月から16か月でも、**10分以内の視聴なら言語発達が伸びている**という研究報告もあります。

また、２０１４年のアメリカ・ミシガン州立大学の調査では、少しでも語学ＤＶＤを触れさせていたほうが、触れさせないよりも語学の発達力が高かったという結果もあります。月齢に合わせて考えていきたいですね。

影響は大人の2倍！ 正しいスマホとの付き合い方

子どもがぐずったりする時に、手軽に泣き止ませるツールとして、スマホやタブレットの動画を見せることも実際には多いでしょう。私自身は極力見させないようにしようとは思いつつ、外出先などでぐずった時に、やむを得ず見せたこともあるので理解できます。

スマホやタブレットによる乳幼児への影響は、まだまだ研究が進んでいないのではっきりしたことは言えないのですが、テレビよりもスマホはブルーライトが多く含まれ、顔と画面との距離が近いため、当然、光の刺激は大きくなります。テレビ同様、夕食後や寝る前の視聴はやめましょう。それがないと落ち着かない、というならば、それに代わるものを考えてみてください。**ブルーライトの光刺激は、子どもは大人の2倍影響を受けます。**同時に、タブレットを見なければ落ち着かないほど夕食から就寝まで空きすぎてはいないか、天井の電気が明るすぎるのではないかなど、環境の課題を考えていきたいですね。

＼熟睡 POINT／

子どもは親が常に持っているものに興味がわきます。親がスマホ依存のような状況なら、まずはそれを解決する必要があるでしょう。

天気の悪い日が続いても、夜泣き知らずの息子。
人工の光を放つ光アラーム時計は、
かなり重宝しました。
食卓に置いて、朝食を摂りながら浴びるのも
よいですし、床に置いて遊びながら
浴びるのもGOODです。

Chapter 3

妊婦さんにも読んでほしい

やっぱり、ママがしっかり眠ることも大切

日本人の大人は、世界で一番睡眠時間が短いという統計データがあります。ＯＥＣＤ加盟国の睡眠時間は２０１８年の調査では、韓国を抜いて断トツのワースト1。フランスより約80分も短いんです。当然そんな大人から生まれた子どもも、睡眠時間は世界ワースト1。

睡眠不足になると、まず前頭連合野の脳機能が低下します。つまり、論理的に考えて判断し、意思決定し、気持ちをコントロールする機能が低下するということ。泣き続けている赤ちゃんを見て、自分でも気持ちをコントロールできなくなり、赤ちゃんに強く当たってしまったり、憂うつな気持ちに苛まれてしまったりするケースが多いのは、そのためです。

「ママの私が眠れないのは、赤ちゃんがちゃんと寝てくれないから…」

そんな声もよく耳にします。確かに、そうかもしれません。けれども、ママ自身の睡眠の質が高まれば、睡眠が細切れになったとしても大丈夫。体温のメリハリや自律神経のバランスが整っていれば血流もよくなって、むくみも解消しやすくなります。

成長ホルモンのおかげで肌の再生も整い、肌荒れしにくくなります。脂肪も分解され、筋肉もつきやすくなります。疲れがたまりにくくなって、ホルモンバランスも整うため、母乳も出やすくなります。もう、いいことづくめ！

ママはどうしても主役を赤ちゃんに考えがちですが、現実的に、あなたの人生の主役はあなたなのです。自分自身の睡眠の質を向上させることで、赤ちゃんはもちろん夫にもやさしくなれて、育児も適切に行えるはず。結果、家族みんな睡眠の質が向上し、毎日笑顔で幸せに過ごすことができるようになることでしょう。

ママの安眠をつくる6つの「最適時刻」

私たちの身体は、もっとも効率的に一日を過ごすための時間が体内時計によって決められています。睡眠や体温、消化、月経周期、ホルモン分泌などにそれぞれの時間軸があり、それぞれが最高のパフォーマンスをしてくれる時刻が定まっているのです。

例えば、消化をサポートする体制が整っている時間に食事を摂ると、栄養が全身に行き渡り、余計な脂肪がつきにくくなります。体温がまだ上がりきっていない時刻に起床しようとしても、なかなか気持ちよく起きられないのも、体内時計によるものです。まずは、ママの「最適時刻」を確認していきましょう。

① 起床時刻

日の出時刻が遅い冬は朝寝坊、早い夏は早起きになる——これは、身体にとって自然なこと。**アラーム時計を使うと、睡眠慣性（いわゆる寝ぼけ）が強く起こって、**

＼熟睡 POINT／

妊婦さんは必要な睡眠時間がわかったら、寝坊を防ぐため＋10分くらいを目安にアラーム時計をセットしておけば安心です。アラーム音がなるだいたい10分前くらいに自然に起きる、という習慣をつくりましょう。

すっきり目覚められないこともあります。子どもの声で起こされることもしかり。妊婦さんは一度休日を利用して、いつもと同じ時刻に寝て自然に起きられるのは何時か計測してみてください。自分に必要な睡眠時間がわかるはずです。

個人差はありますが、6時間半~8時間未満は確保したいところです。夜授乳で起きる場合も、夜間睡眠の合計が確保できていればOKですが、少し長く設定しておくと身体が楽。妊婦さんはアラーム音が鳴る前に自然に目覚められるよう設定しましょう。

② 就寝時刻

睡眠時間が決まれば、就寝時刻は逆算して自然と決まってきます。ただし、「就寝時刻になったから、さぁ電気を消して寝よう」と意気込む必要はありません。「眠らなければならない」という気持ちが強すぎると、逆に目がさえてしまって眠れなくなるものです。3つ目の最適時刻――うっとり習慣タイム――は15分間用意しますが、この時間は眠りにつくための猶予時間。就寝時刻からではなく、その前から眠りにつく体制を整えていきましょう。先述の通り、**子どもと一緒に就寝するのではなく、ママ自身の最適時刻におやすみしましょう。**

③うっとり習慣タイム

15分間のうっとり習慣タイムを設けて、交感神経を鎮めてうっとりする時間をつくりましょう。

あらかじめエアコンや加湿器などで寝室の環境を整えて電気を消し、**ストレッチをしたりアロマを焚いたりしてリラックス**してください。「15分」と決めてはいますが、その時間を全部使ってリラックスしなければならないわけではありません。「いつ寝てもいい」と思って過ごしてみましょう。

④お風呂から上がる時刻

まずは寝室を夏はだいたい26度、冬は20度になるようにセット。寝室の温湿度を眠りやすい状態に整えたうえで、お風呂から上がる時刻は、深部体温が上がるほど入浴する場合は就寝時刻から1時間前。2回に分ける分浴の2回目やシャワーでサッと済ませる場合、40℃以下のお風呂にチャプンとつかる場合は、入浴後極力すぐに就寝しましょう。

もしも**1時間経っても眠れなかった場合は、手や足だけでも温かいお湯につけるなどして、再度、末端からの放熱を促進させましょう。**寝つきがだいぶよくなります。

⑤お風呂に入る時刻

入浴時刻は、お風呂から上がる時刻から逆算して決めましょう。**湯舟に15分、洗い場で10分とするなら、予備5分を加えて、4つ目の最適時刻の30分前**です。外食して帰宅が遅くなるにしても、この「お風呂に入る時刻」までに帰れれば、普段通りの睡眠が得られます。もし間に合いそうになければ、お風呂から上がる時刻に合わせて、チャプンと湯舟にだけつかったり、せめて手や足だけでもお湯につけてから眠りましょう。髪の匂いが気になるならドライヤーの温→冷でさっと風を送れば匂いも取れます。子どもと先に洗髪を済ませたママは、ママの眠りの質をぐっとよくするために、ママが寝る直前にお風呂につかりましょう。

⑥夕食の時刻

夕食の時刻は就寝3時間前というのが定説ですが、消化スピードや食事量には個人差があります。**ポイントは朝の食欲。これがない人は、夕食の時刻に問題ありだと心得ましょう。**就寝3時間前に食べ終わり、翌朝に食欲があるようなら問題ありません。けれども朝の食欲がないようなら、食事の量を減らすか、夕食を食べ終わる時刻を少し早めるよう調整してみてください。

就寝前のうっとり習慣タイムで自律神経を整える

人間関係や仕事、家事などでどうしても疲れやすく、交感神経が優位になって熟睡スイッチがＯＦＦになりがちな私たち。毎日15分間のうっとり習慣タイムを使って、熟睡スイッチをＯＮにしましょう。

熟睡スイッチを簡単にＯＮにさせるには、やっぱりラベンダー精油がおすすめ。

リナロールという成分が腎臓や副腎の交感神経を低下させ、血圧や体温を下がりやすくしてくれます。香り刺激は昼間より17時以降のほうが効果的という研究報告もあるので、うっとり習慣にぜひ取り入れてほしいアイテムです。

精油を枕や布団に直接垂らしてもいいのですが、毎日それを続ければ枕が黄ばんでしまいます。小さく平べったいアロマストーンやコットンを枕元に置き、ラベンダーをたらすのもいいでしょう。多少の黄ばみが気にならないなら、パジャマの襟元に少しつけるのもいいと思います。

＼熟睡 POINT／

うっとり習慣とは、だらだらとリラックスすることではなく、自律神経の交感神経を低下させ、副交感神経を優位にするためのメソッドを指します（私の造語です）きちんと科学的に実証されていることを確実に行っていただきたという思いから、名付けました。

＼熟睡 POINT／

自律神経の乱れがある方に多い、めまいや耳鳴り、耳の閉塞感は、耳周りの末梢血管が縮まることが原因の１つとも考えられています。いろいろ考え事をしていて、頭が熱い状態でも、耳を触ってみると冷たくなっていることが多いです。

香りを感じながら耳を温めると、より効果的です。耳をじんわり温めて血流がよくなれば、高ぶっていた交感神経が落ち着きます。また末梢血管の流れがよくなるため、深部体温が外に逃げやすくなり、とても眠りやすい状態になります。耳を温めるグッズが世にないので「Nemulia MIMION（ネムリア ミミオン）」をつくりました。鉱石が練りこまれてムートンより蓄熱性が高い素材でできているので、睡眠グッズとしておすすめです。耳を温めるお布団として使ってください。

グッズがなければ、手をすり合わせて温かくして、その手で耳を覆ったり、指先で耳を大きく回してほぐしたりするとよいでしょう。

呼吸にも意識を向けたいところ。139ページで紹介している「うっとり呼吸法」を行えば、心拍数を緩やかに、そして心を鎮めることができます。

香り、耳の温め、ゆったりとした呼吸――まずは、これを繰り返してください。筋肉がきゅっと萎縮して末端の血管が収縮している状態でも、ゆるゆると交感神経が鎮まり、血流がよくなって筋肉もほぐれていきます。結果、心が穏やかになり、ご自身が「うっとり」しているのが実感できることでしょう。

問い合わせ先：アメイズプラス（https://nelture.com/lp/mimion/）

最高に深く眠れるお風呂のつかり方

寝る前ベッドの上にいる時には手足が温かい状態にしておきたいものです。赤ちゃん同様、ママも放熱して体温が下がれば眠くなります。

お風呂につかったのに手足が冷たくなっている場合は、洗髪時間が長くて足先の毛細血管が収縮しているかもしれません。大きめの桶を用意して足湯しながら洗髪するか、洗髪してから湯舟に長くつかるようにしましょう。

お風呂から上がった時はポカポカなのに、ベッドの上ではすっかり冷めてしまっているなら、就寝と入浴終了時刻との間隔を縮めたり、室内の温度が低くならないよう調整したり、靴下やレッグウォーマーで過度な放熱を防止したりしてみてください。

冷え性は体質だと言われがちですが、そんなことはないと断言できます。ただ、お風呂やお風呂後の過ごし方に問題があるだけです。対策さえすれば、どんな人で

＼熟睡 POINT／

炭酸濃度は入浴剤によってもさまざま。ppmという数値で60ppm以上のものを選んでください。60ppm以上なら血行がよくなる作用があることがわかっています。

＼熟睡 POINT／

15分の時間の使い方は自由ですが、例えば最初の5分で脱力し、次の5分は歯磨き、残り5分は脱衣所で化粧水をつけて再び湯舟に入り、さらに脱衣所で乳液をつけてまた湯舟に入るという作戦（それでもつかっている時間は5分になるように）もおすすめ。脱衣所と湯舟を行き来すると、血管が収縮したり拡張したりして動きが活発になるため、温熱効果が少し上がることも期待できます。

も冷え症にさよならできます。

お風呂のつかり方は2つあります。1つは深部体温を上げる方法。水温計で計った正確な40℃のお湯に、15分入ってください。体温が上がった分しっかり下がるので眠りの深さに驚くはず。炭酸ガス入浴剤を用いると、5分ほど時間短縮できます。毎日続けたいですが、難しければ週の半ば1回と週末だけでもOK。

2つ目の入浴法は40℃以下のお湯にゆったりつかること。入浴後湯冷めしやすくなるので即ベッドに入ってください。

先に子どもと一緒に入浴した場合は、ママが寝る前にチャプンとつかるか足だけお湯につけてください。面倒に思われるかもしれませんが、睡眠の深さや寝つきの早さに驚くはずです。

お風呂から上がる頃には、全身クリームを塗って服を着て頭を乾かすだけ、というスケジュールです。

\ 熟睡 POINT /

朝食にはサツマイモもGOOD。イモ類のでんぷんが体内時計のリセットによい食材であることが研究でわかっています。サツマイモブームの今、スーパーには年中ふかしたモチモチサツマイモが売られていることも多いです。つくるのが面倒なら、翌朝の朝食用に買っておきましょう。

夕食の時刻を早くするだけで、眠りの質がぐっと変わる

食事は内容ももちろん大事ですが、それよりも時刻がとても重要です。内容が同じでも、時刻が違うだけで血中コレステロール値に異常が出る研究報告もあります。

食事時刻が遅ければ、消化時間も処理スピードも遅くなり、きちんと消化されないまま就寝してしまいがち。結果、消化も睡眠も中途半端になり、翌朝は胃もたれをしていたり、食欲がなかったり……。眠りの質も悪いので、寝起きも相当悪くなる可能性大です。そんなわけで夕食の時刻は特に大切ですが、妊婦さんなどお仕事で夕食時刻が遅くなるくらいなら、外食でも構いません。定食なら白米の量を「少なめに」とオーダーしたり、野菜が多い献立や、自宅では用意しづらいレバーを頼んだりするとよいでしょう。

赤ちゃんがいるママは赤ちゃんを優先して、赤ちゃんが眠った後など遅い時刻に夕食をとりがち。けれど極力、赤ちゃんがお風呂に入る前に夕食を摂りましょう。

ママの睡眠の質を高められれば、赤ちゃんにしっかり愛情を注げますし、おっぱい

＼熟睡 POINT／

昼食の時刻も大切ではありますが、朝と夕ほどではありません。だいたい11時頃〜14時頃までに食べ終わるように気を付けましょう。

の出もよくなります。全部作ることを考えず、軌道に乗るまで家事代行に頼んだり、お惣菜に頼ったりして、極力がんばらない生活を送ってください。

朝食は、朝起きてから30分以内、難しければ1時間以内には食べるようにしましょう。太陽を浴びると体内時計が「朝が来た！」を伝えて体温を上げてくれますが、朝食を食べることでさらにその効果は高まります。午前中から体温をぐんぐん上がって頭の働きがよくなり、体温や行動にメリハリが生まれるため、夜の眠りも格段によくなります。

朝ごはんにおすすめなのは、体内時計をリセットしてくれる研究データもある、ＤＨＡ（体内で合成できず、食物から摂取する必要のある必須脂肪酸）の多い食材。サバ缶なら簡単に摂れます。冷凍していたご飯をあたため、その上にサバをのせて、前の日に少し多めにゆでておいた小松菜やホウレン草などを入れて、あればゴマをパラリ。おいしいサバ丼の完成です。

朝食には、眠りのホルモンを合成するのに必要なタンパク質とビタミンＢ６も摂りたいところ。肉や魚を朝から準備するのが大変な場合は、納豆やゆで卵でＯＫです。ビタミンＢ６は肉魚、果物、野菜などに含まれていますが、ハードルが高いようならバナナなら手軽に摂取できます。

「ぐっすり」が叶う、寝室の光・音・寝具

赤ちゃん同様、**寝室は真っ暗にするのが基本。天井の豆電球はつけず、カーテンの裾から外の光がほんのり漏れるくらいにとどめておきましょう。**エアコンの起動光がまぶしく感じる場合は、ガムテープなどでカバーしてみてください。瞼を閉じて目の前に手をかざしたり外したりしてみて、光の明暗がわかるようなら明るすぎているということになります。「どうしても真っ暗が怖い」という方は、天井の光ではなくフットライトにして光源が目に入らないようにしましょう。

音も眠りに大きく影響します。スイッチの切り替え音程度でも眠りの質が悪くなることがわかっています。外の工事の音、車の音、話し声などが気になるようなら、窓を二重サッシにしたり、防音カーテンにするなどしてみてください。難しい場合は、睡眠用の耳栓がたくさん市販で出ているので、それを用いましょう。**エアコンをつける場合は、夏でもタオルケットのような薄手のものに布団を変えなくてOK。**はじめは快適でも深部体温が低い朝方は寒くて目が覚めることもあるからです。

＼熟睡 POINT／

騒音は毎日過ごしていると慣れてくるものですが、慣れたからといって眠りの質がよくなるわけではありません。

寝室環境のチェックポイント

羽毛ぶとんのダウン比率が低かったり軽いものにする

比率が低くない場合、寝始めは抱き枕のように縦に丸めておいて体を安定させるために使っておき、朝になって寒ければ無意識に布団を体にかけられるように。

パジャマは綿100%の長袖長ズボン

通気性がいいので、夏でも快適に着ることができます。汗汚れをしっかり吸着・放湿してくれるのでこまめに洗うこと。

エアコンを使っている間はレッグウォーマー着用

足首は脂肪筋肉が少なく、特に冷えやすい部位なのでしっかり温めて。

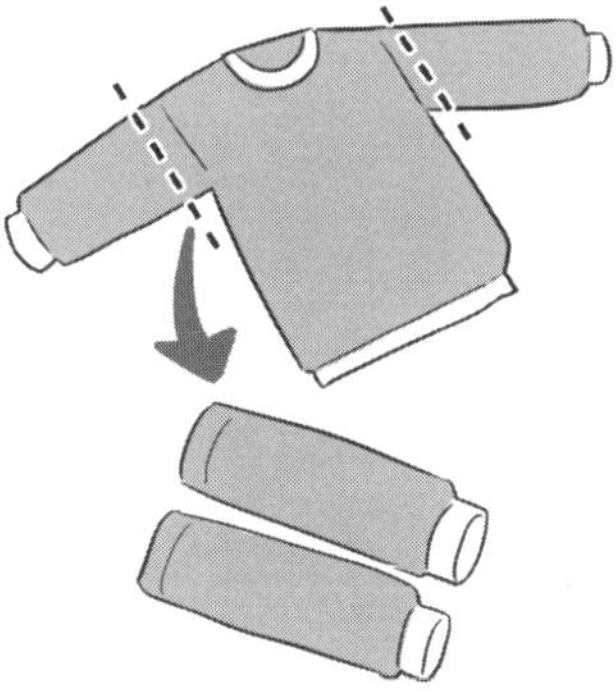

レッグウォーマーは、捨てようと思っていたトレーナーの袖を切っても代用可。

「眠る」ことばかり考えてしまって、逆に眠れない時の対処法

「眠らなきゃ」と思えば思うほど、眠れなくなることがありますよね。そんな時はむしろ**「眠らないでいいや」とでも思って目をつぶりましょう。**

その上で、睡眠とまったく関係のないことを想像してみましょう。好きな芸能人のことを妄想するのもありです。妊娠中や出産後は夫への気持ちや異性に対する恋愛感情がすごく小さくなることが多いので、お腹の子どもと対面した時のことや、赤ちゃんとの生活をイメージするのもよいと思います。わくわくすると逆に興奮してしまうので、その気持ちに浸ってうっとりするくらいのテーマを用意して、「今日はこれを妄想しよう！」と思うのもよいですね。

さらに**自己催眠をかけるのもよい**と思います。身体がどんどん眠りやすい状態に整っていくことをイメージしていくのです。イメージするだけでも、すでに穏やかな心がさらに落ち着いていき、いつのまにか眠りの中に入っていきます。

自己催眠で体を眠りやすい状態に

①

まずあおむけになり、両手両足を広げて大の字になる。

②

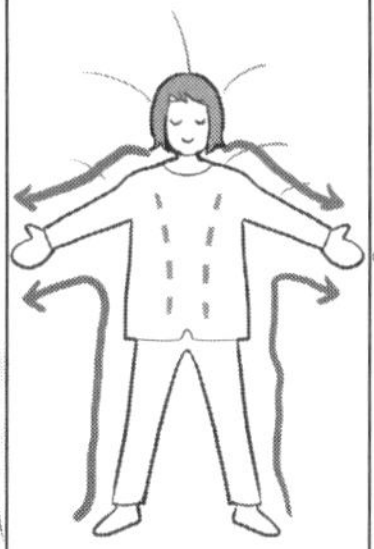

足先から、足首、ふくらはぎ、お尻、腰、背中、肩、ひじ、手の先の力が抜けていき、ベッドに沈むイメージを。

③

頭の力もなくなり、眉間のしわがなくなり、奥歯のかみしめをほどいて、お口をポカーンとあけて、全身何も力が入っていないことを想像。

④

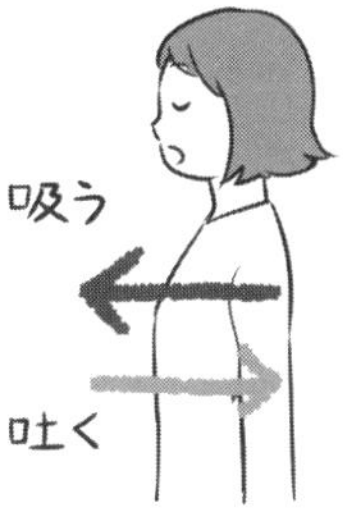

呼吸は心地よく、吸うと胸が広がって大きくこんもりと膨れ、吐くと胸が中心部に向かって縮んでいくようなイメージ。吸う時は鼻で吸い、吐く時は口のほうが脱力しやすければ口で。穏やかな心にどんどんつながっていきます。

⑤

右手がどんどん温かくなっていき、ベッドに沈むほど重くなっていくイメージ。それが左手、右足、左足へと移行し、額に涼しい穏やかな風が吹いてきて前髪がふわっと持ち上がるイメージ。

⑥

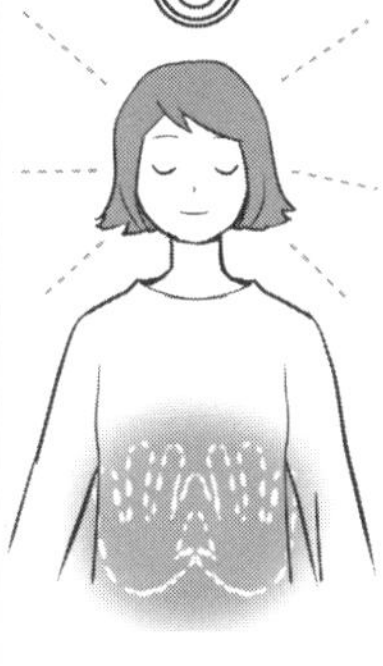

おなかに温かい両手を置いているにイメージ。じんわりとぬくもりが増し、心臓の鼓動がさらにゆっくりと波打ち、どんどんと心と体がほぐれていくようなイメージで行う。

⑦

呼吸は止めないようにしながら、自分自身が最高に心地よい場所をイメージしてそこにふわっと浮いているような想像を。

⑧

気づけば眠っていることでしょう。

家事代行も視野に入れて、がんばりすぎない

赤ちゃん、特に0歳児は親の言うことをまったく聞いてくれません。だから大前提として、「はじめからうまくいく」なんて思わないこと。赤ちゃんの睡眠を整えるのは、いくらがんばっても教科書通りにはいかないもの。完璧にがんばっても完璧な結果は得られません。**うまくいくこともあればうまくいかないこともあるのだと、気持ちを楽に持ちましょう。**

私の生徒さんに有効だった考え方に、「育児をゲームに例える」という方法があります。例えば、「今日はすっと1人で寝てくれた！（やったー！　1面クリア‼）」「今日はすっごくぐずって大変で私も寝不足…（やっぱり難しい！　明日もチャレンジだ‼）」など。楽しみながら前向きになれる方法です。

「がんばりすぎない」のは、何も赤ちゃんの睡眠だけではありません。落ち着くまでは、地方自治体や民間の育児サポートをしっかり活用しましょう。

＼熟睡 POINT／

実際、私自身もベビーシッターや家事代行をお願いしました。少しの時間でもほっと一息つけたり、家事時間がぐっと減ることで、子供との時間を楽しめました。ママの心の安らぎのためにも、使うのはとてもいいことだと思います。

専業主婦や育休中のママは、どうしても自分1人でがんばりがちです。でも、「そんなにがんばらなくてもいいんじゃない？」と思うんです。親戚や近所の方がお手伝いをしてくれた時代ならともかく、夫は会社で家には大泣きをする我が子と2人きり。心細くもなります。全部自分でしようと思わないでください。「専業主婦なのにそんなことにお金を使っていいのかな」と思う必要もありません。今は赤ちゃんがいる特別な期間。いろいろな制度を使ってもいいのです。

海外に目を向ければ、産後専門のサポートやナニーというベビーシッター制度が進んでいます。一番手のかかる時なのですから、今の時代に合ったやり方で周りの手を借りてもいいんじゃないでしょうか。

ママの心が穏やかで落ち着いていたら、赤ちゃんも機嫌がよくなります。それによってママの笑顔が増えれば、さらに赤ちゃんの笑顔が増えます。

あふれる愛しさから抱きしめる時間が増えると、お互いオキシトシンが分泌され、心が満たされ幸せを感じます。

ママは自分を犠牲にしてまでがんばらず、ママ自身の心と体の負担の軽減を。幸せの連鎖をママからスタートさせましょう。

外注を検討したい家事あれこれ

夫の白シャツのクリーニング

1回ずつ出すのが高すぎるなら、2回ほど着てもらってから出してもいいのでは？　入浴後の浴室に吊るすだけでも、匂いは軽減します。

週1回の掃除洗濯

ヘルパーさんが来たら、その間に好きな映画を見て、ほっと一息つけるかもしれません。

週1回食事を1週間分作ってもらう

毎食分タッパーに入れてもらえたら調理時間がなくなり、1人でお風呂に入る時間が伸びるかもしれません。

1時間赤ちゃんを見てもらう

心が穏やかになり、夫や赤ちゃんへ優しい言葉をかけてあげられるかもしれません。

家事の家庭内発注で夫婦仲がよくなる

「産後クライシス」という言葉を聞いたことがある方も多いと思います。出産後、夫婦のすれ違いや不満がつのり、愛情が冷え切ってしまう状況のことです。

子どもを寝かしつけている時に隣の部屋で夫がゲームをしていたり、飲み会で帰宅が遅かったりすると、イライラしてしまうのも無理はありません。ホルモンバランスの影響と一言で片づけず、具体的に対策をしていきましょう。

まずは自分で行う家事の量を減らすこと。136ページで紹介しているようになくしてもよいですし、前項のように外注してもよいでしょう。その上で、平和な家庭を作るためにも夫に家事を依頼する体制は整えておきたいところです。

誰しも何か変化がないと、なかなか新しい行動に踏み出しづらいものです。同棲するタイミング、結婚したタイミング、子どもができたタイミング、子どもが生まれたタイミング。同棲や結婚のタイミングで交渉できなかった場合は、子どもができたり生まれたタイミングこそが絶好の交渉チャンスです。

間違っても、感情的な思いだけではいかないこと。「私はしんどいんだ！　あれをやってほしい、これをやってほしい……」なんてことばかり言っていたら、うるさい鬼嫁だとスルーされてしまうかも……。

ポイントは、まず「○△を行ってほしい」と結論を言うこと。そして、結論にいきついた理由を3つ、具体的に伝えること。1つや2つだとはねのけられてしまいがちです。３つも重ねる必要はないかもしれませんが、失敗は許されません。却下されてしまわないよう、事前準備は入念に行いましょう。

３つの理由は、今自分が置かれている立場や体のつらさ等がよいでしょう。これを第三者、例えば「医師の診断によると～」などと付け加えるとなおＧＯＯＤです。

リクエストの理由は３つ用意する

EXTRA Chapter

ぐっすり眠れる赤ちゃんを産むための妊婦さんの安眠習慣

赤ちゃんがお腹に宿ったことがわかった時、うれしくてうれしくて涙が止まらなかったことを覚えています。自分ではない尊い命がお腹の中にいて、毎日少しずつ人間らしい体へと成長していきます。これって本当に神秘的なことですよね。同時に、「うまく育ってくれるかな？　途中で心臓が止まってしまったらどうしよう……」と考えたこともあります。

妊娠すると、体のさまざまなホルモンが普通では考えられないほどの変化を起こし、幸せを感じてハイになったり、過度な心配やイライラを感じてしまったり、何にもする気が起こらなくてダラダラしてしまったり、夜遅くまでネットサーフィンして心配ごとを検索し続けたりしてしまうものです。

その気持ち、私はすごくわかります。でも、夜遅くまでスマホなど明るい光を浴びて眠りホルモンが分泌されなかったり、眠りの質が悪くなって翌朝も太陽がすっかり上がるまでベッドの上にいたりといった体内時計の乱れは、週数にもよりますが、赤ちゃんの成長に支障がでることが研究でわかっています。

気持ちの波はあって当たり前だから、自分自身を責める必要はありません。でも、それにより生活習慣が乱れ、自律神経バランスが崩れ、感情のコントロールができなくなり、その結果さらに生活習慣が乱れる悪循環が生まれる可能性もあります。赤ちゃんとママ自身のために、がんばりすぎず、でもおさえるところだけおさえていきましょう。

「妊婦は寝たい時に寝ていい」はウソ

大前提として、**睡眠の質が高くなると、体によい変化が表れます。まずは感情のコントロール。**脳機能が正常に働くので、不必要な言動を抑制したり、論理的に考えたり意欲ややる気なども向上させることができます。お腹の子の成長のことを過度に心配しなくなり、心から落ち着いた状態で、優しく赤ちゃんの成長を見守ることもできるようになります。

また、深い眠りが得られることで、体を修復したり成長させたり整えてくれる成長ホルモンが適切に分泌されます。赤ちゃんの成長に必要なママのホルモンバランスも整います。さらに内分泌系と密接に関わる自律神経を整えれば、健やかな妊娠期間を過ごすことにつながります。けれど、妊娠中の睡眠課題は多いのが現状です。102ページの「6つの最適時刻」をチェックして、質のよい睡眠を心がけましょう。

日本は世界でワースト1の睡眠不足国家です。そんな世界一眠れていない日本人

＼熟睡 POINT／

出産後は、赤ちゃんが中心の生活になります。赤ちゃんの泣き声で起きることが多くなるので、自然に目覚めるのは難しいと心得る必要があります。だからこそ、妊娠中にアラーム音でも光でも赤ちゃんの声でもなく、体内時計のリズムにのっとった「自然の寝起き」を実感しておきましょう。あまりの寝起きのよさに、感動を覚える方もいるかもしれません。

の妊婦さんも当然、眠りの質がよくありません。妊娠の初・中期の睡眠が5時間未満だと、高血圧や妊娠中毒症の確率が9・52倍高くなることがわかっています。また妊婦に限ったことではありませんが、やはり7時間前後は眠ったほうが、脂肪燃焼率も高くなって筋肉量の減少も抑えられ、過度に太りにくくなります。

妊娠初期は会社に妊娠を報告していない人もいて、今まで通りの仕事を続けている方も多いと思います。**体には命が宿っているのだから〝普通〟ではない状態なのに、毎日同じ時刻に出勤するのが〝普通〟だと思い込んでいるのです。**体は睡眠を欲しているのに、睡眠が足りていないのですから、昼間に眠くなるのは当然です。

そうすると帰宅した途端、エンジンが切れたように眠ってしまい、1~2時間ほどして起きることも多くなります。それから遅い夕食を摂り、体内時計が後ろにずれてしまったせいで夜更かしをして、お腹の子のことが急に不安になってネットサーフィンをして光を浴び続ける……という悪循環。もちろん、ママにもお腹の子にもよくありません。

眠くなったら冷たい水で手を洗い、末端の血管をきゅっと収縮させましょう。夕飯後しばらくして眠くなったら、お風呂にいつもより少し早めに入り、就寝時刻も

＼熟睡 POINT／

区や市から発行される妊婦向けの情報冊子や妊婦さん用の雑誌、そして産科医や助産師まで、「妊娠中は特別で、とても眠くなるので、昼間も寝たい時に寝たらいい」と言うケースがあります。だから、昼間に過度に眠ると夜の眠りの質が低下し、翌日また昼間に眠くなります。

前倒しして、睡眠時間を長く確保するとよいでしょう。

昼寝の時間を確保しやすい専業主婦だったとしても、落とし穴にはまりがち。巷にあふれる「いつ寝てもいい。妊婦は特別だから」という情報を信じて、自由にうたた寝してしまうケースはとても多いです。

誰であろうと、昼寝をしすぎると、夜の眠りの質は極端に悪くなります。1日の活動量も減少しがちなので、日中に体温がしっかり上がらず、寝つきや翌朝の寝起きも悪くなります。出産まで数か月、さらに言うと出産後数年間にわたり、その影響が及ぶ可能性もあります。これは本当に恐ろしいことです。

お昼寝をするなら15時までに15分以下が大原則。普段寝不足なら、昼寝のタイミングで深い眠りが出現しないよう10分間だけ、アラーム時計を用意して寝てください。血圧が低下して深い眠りにならないように、机の上に突っ伏したり、リクライニングチェアをフラットにしないようにお昼寝を。どうしても毎日夕方過ぎに眠たくなるなら、毎日の昼寝を日課にしましょう。

いずれの場合も、そもそもの睡眠を改善するのがマストです。

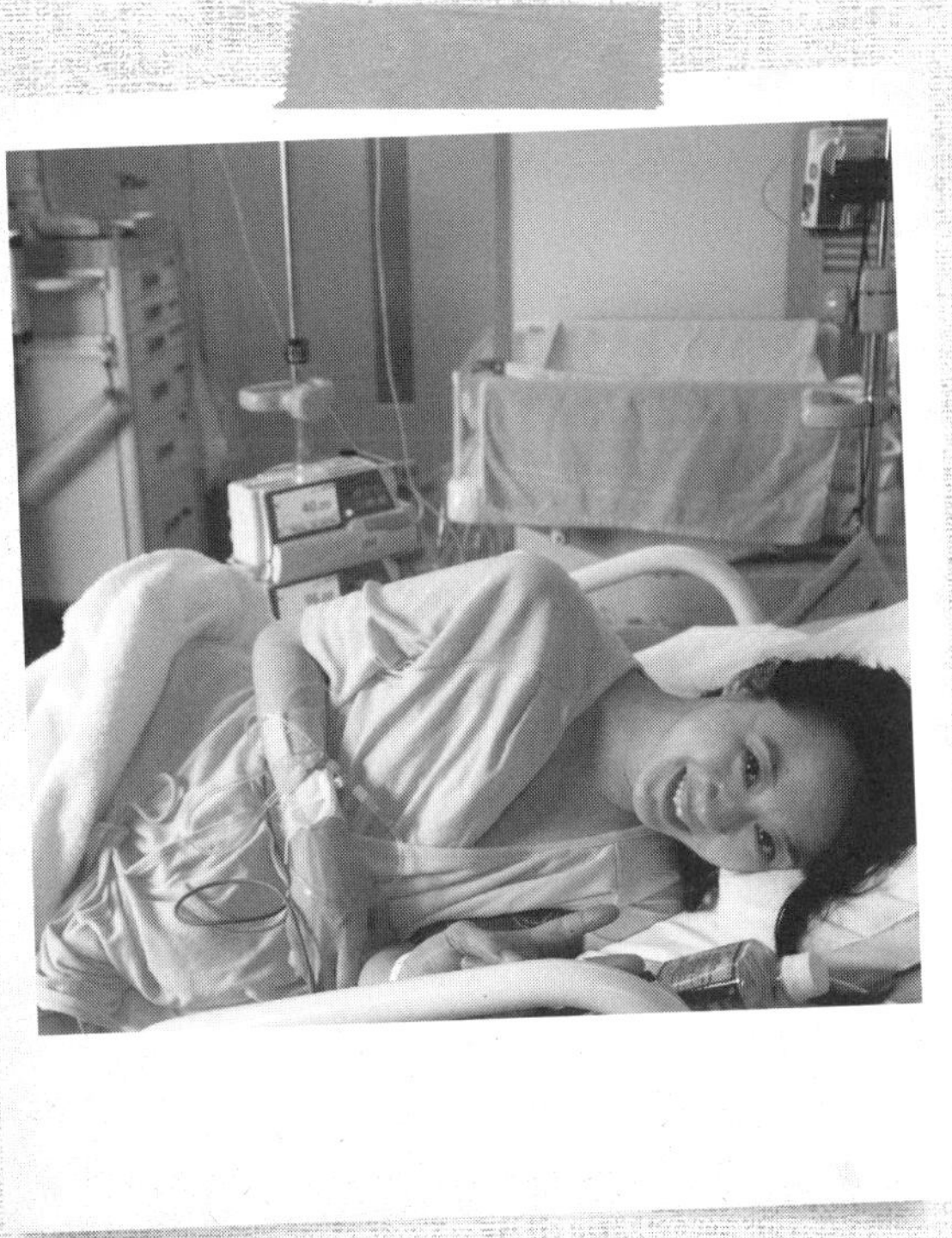

出産直前の病室にて。

あと少しで対面できる喜びにドキドキしている時です。

出産時は、つい体の力が入ってしまいがち。

副交感神経を優位にして体を緩めるために、

頭皮マッサージ用のコーム、ディフューザー、

アロマ 、ホホバオイルなどを用意し、

陣痛の際には足湯をさせてもらいました。

「食べたい時に食べたらいい」も、ウソ

いわゆる食べ悪阻《つわり》の方に多いのですが、少量を少しずつ食べる習慣を持っている方がいます。

これも、さまざまな情報メディアで「食べたい時に食べたらいい」と紹介されている弊害です。

たしかに、食べ悪阻は食べることで楽になります。けれども症状が出る前、睡眠時間は足りていましたか？　ぐっすり朝まで眠れていましたか？　**同じ時刻に食欲が出ないようなら、体内時計が乱れた影響で時差ボケのような症状として気持ち悪くなっている可能性があります。**

朝太陽が昇ったら光を浴び、夜太陽が沈んだら暗くして就寝するというリズムに加え、同じ時刻に規則正しく食事を摂ることで、体内時計のリズムが整います。

＼熟睡 POINT／

「食べると楽になるから」という理由だけでダラダラ食べ続けると、赤ちゃんの成長に影響を与える可能性があります。夜行性の妊娠ラットの調査で、母ラットがいつも食べている午後8時の食事を昼12時へ、前に8時間シフトした場合、胎児の体内時計が5時間ほどずれたという結果が得られています。

＼熟睡 POINT／

妊娠した女性は、胎盤ができる妊娠約15週まで、約50～90％が吐き気や嘔吐といった消化器系の不調が生じることがわかっており、その原因はさまざま。中でも有力な原因は、hCGホルモン。これは妊娠を維持するために分泌されるホルモンで、基礎体温を高くします。そのせいで寝る前に深部体温が下がりにくくなり、眠りの質が低下します。

また、悪阻解消にはお風呂も効果的です。

hCGホルモン（詳細は熟睡POINT参照）が分泌している妊娠初期は、生理前と同じ高温期（基礎体温が高い状態）です。夜体温が下がりにくく体温のメリハリがあまりないため、睡眠の質は低下しています。

このホルモン作用に対抗するには、**40度以下のお風呂にゆっくりとつかるのが効果的。**副交感神経を優位にさせて心臓の鼓動をゆるやかにし、血圧を低下させて眠りやすい状態をつくるのです。

お風呂に入る力が残っていない場合は、洗面所に栓をしてお湯をため、手をつけるだけでもOK。

浴槽にお湯がはってあるなら、歯みがきでもしながらズボンの裾をまくって足湯をしてみましょう。末端の血管が広がれば放熱が進み、深部体温がしっかり下がってくれるようになります。その後すぐにベッドでおやすみします。

眠りのホルモン分泌が少なくならないよう、昼間は十分日光浴をして、夜は電気を薄暗くして過ごしたり、遅くまでスマホを見ないようにするのもお忘れなく。

胎児の脳に夜を知らせ、夜泣きを防ぐ

胎児は目ではなく、脳で光を感じているということがわかっています。昼間、ママの目から光が入ってきて、その情報が脳に伝わると、夜に眠りのホルモンがママの血液中に分泌されます。この眠りのホルモンが、胎盤を通して胎児に運ばれるのです。ちなみに、赤ちゃんの目で光を感知できるのは、妊娠35週（妊娠9か月）からであるという報告があります。

胎児にも体内時計があり、母から眠りのホルモンを受け取る受容体があります。眠りのホルモンを夜に受け取ることで、「今は夜」だと認識するのです。

逆に、朝太陽を浴びて光の刺激がママの脳に伝わって眠りのホルモン分泌が抑制されると、胎児は「今は朝」だと認識してくれます。お腹の中にいる段階から、胎児は昼と夜の区別を通じて、体内時計を整えているのです。これがうまくいっていれば、生まれた後、昼夜関係なく泣き続けることを少しでも食い止められると言え

＼熟睡 POINT／

ママからお腹の子に昼と夜の情報が届き、それが胎児の成長に深く関わっていることがわかっています。もちろん、真っ暗なお腹の中の子に外の光が届いているわけではありません。ママの眠りホルモンを受け取る器官が、妊娠17週（妊娠5か月）頃には赤ちゃんに備わるということがわかっているのです。

＼熟睡 POINT／

赤ちゃんは早起きの子が多いので、妊娠中から少しずつ早寝早起きにシフトしていきましょう。

るでしょう。

けれども夜勤の仕事の方や国際線のCAさんなどは、たとえ意識しても仕事柄、胎児が受け取る光の情報が乱れやすくなります。その影響は予想以上に深刻で、実際に、低体重児になったり、早産・流産の確率が高まったという報告もあります。妊娠がわかったら、極力、日勤の仕事になるよう交渉してください。

日勤の仕事の方は、**外が暗くなったら室内の電気を暗くしたり、スマホを寝る前まで見ないような習慣をつければ、すぐに眠りのホルモンが適切に分泌されます。**

早くて妊娠6か月（22週）には、すでに胎児の心拍数に昼夜の変化に合わせたリズム変化が存在することも報告されています。

妊娠5〜6か月というと安定期。ママは妊娠に慣れてきて、仕事やプライベートで少し無茶をする方も出てくる頃です。

けれど、この時期から子どもの成長に必要な情報を伝えるため、**夜は遅くまで明るい光を浴びず、朝はダラダラと寝続けないでしっかり日光浴をすることが大切です。**

おなかの赤ちゃんのためにも食事の時刻は一定に

日本人は他国と違い、仕事が終わるのも遅いし夕食時刻も遅いというデータがあります。実際、「仕事をすべて終わらせてから、ゆっくり食事を摂りたい」という働く妊婦さんは多いものです。私もかつてはそういう考えで働いていたのでわかります。けれども、こうした習慣は体内時計を大きく乱し、眠りの質が悪くなって翌日の仕事のパフォーマンスも落ち、その結果、また残業しなければならないという悪循環に陥る危険性をはらんでいます。

だからこそ、**残業する前提でもいいから、先に食事を摂るようにし**てください。

今、あなたのお腹の中には赤ちゃんがいます。食事の時刻が乱れると、赤ちゃんに昼夜の信号がうまく伝わらず、成長を妨げる要因になることが研究でわかっています。妊娠して周りに迷惑をかけないようにがんばるママは多いのですが、誰のための人生なのか、再度考えてみていただけたらと思います。

＼熟睡 POINT／

例えばオーストラリアでは、子どもも大人も早めに仕事を切りあげ、18時頃には家族みんなで食卓を囲んで食事、23時前には就寝という規則正しい生活をする人が多いようです。多くの方が睡眠の大切さを知っていて、それを子どもにも伝えているのです。

ちなみに、**朝起きた際にお腹がすいていないようなら、夕食が遅かったか量が多かったか、睡眠が足りていないかのいずれかが原因。**消化器系がきちんと休息できていないので、夕食の時刻や内容を改め、睡眠の質を高めることが大切です。**「朝食は大事だから」と無理やり食べると、消化不良になります。**それでは本末転倒というもの。体内時計が整うまでは、ヨーグルトや果物だけにするなど、消化の負担が少ないものを食べましょう。

朝起きてもおなかがすいてないという方は、体内時計が整うまで消化のよいものを。

＼熟睡 POINT／

母体から胎児へ熱が流れるようになるのは危険であるという研究があります。かなり昔のラットの研究なのですが、母ラットの体温を通常より1.5℃〜2.5℃高くして胎児のラットより体温が高くなるようにすると、奇形が発生する可能性が上がるという報告があります。

運動はやりすぎず、やらなすぎずで

お腹の中の赤ちゃんの深部体温は、ママの体温より0・4〜0・6℃高く、ママの1日の体温リズムに合わせて体温が変動しています。そして、胎児からママの体へ熱が流れるようになっています。逆に**ママの体温が高く、ママから胎児へ熱が流れるのは危険なサイン。過度の運動によって急激にママの深部体温が高くなれば、胎児に何らかの悪影響を与える可能性も出てきます。**

けれども適度な運動なら、血流をよくして体のだるさや痛み、むくみなどの解消につながります。気分転換にもなるので、ぜひとも取り入れたい習慣です。良質な睡眠をとるうえでも、特に**夕方頃の運動は後ろにずれやすい体内時計を前に戻す作用があったり、体温のメリハリができたりと、大きなメリットがあります。**

日常生活でできるものでおすすめなのは、朝に太陽の光をしっかり浴びながら駅まで少し遠回りして歩いたり、夕方はスーパーへの買い物を少し早歩きで行ったりすること。心拍数が少し上がる程度を目安に行ってみましょう。

とはいえ、何事にも個人差というものがあります。妊婦さん専用のエクササイズプログラムやウォーキングなどであれば医師に相談のうえ、安定期に入ったら行ってみるのもよいでしょう。

私の場合は、安定期に入ってから、お尻の筋力が低下しないよう夕方にスクワットをゆっくり行いました。また普段の生活でも、骨盤底筋群をきゅっと締めながらお風呂洗いやトイレ掃除、窓拭きなどを「運動」と思いながら行いました。

毎月ある検診の際は、欠かさず病院から近くの大きな公園、駅まで約1時間ほどお散歩。太陽をしっかり浴びたり、新鮮な空気をたっぷり吸いながら、草花をみて季節の移り変わりを感じたり、お腹の赤ちゃんに語りかけたりしていました。

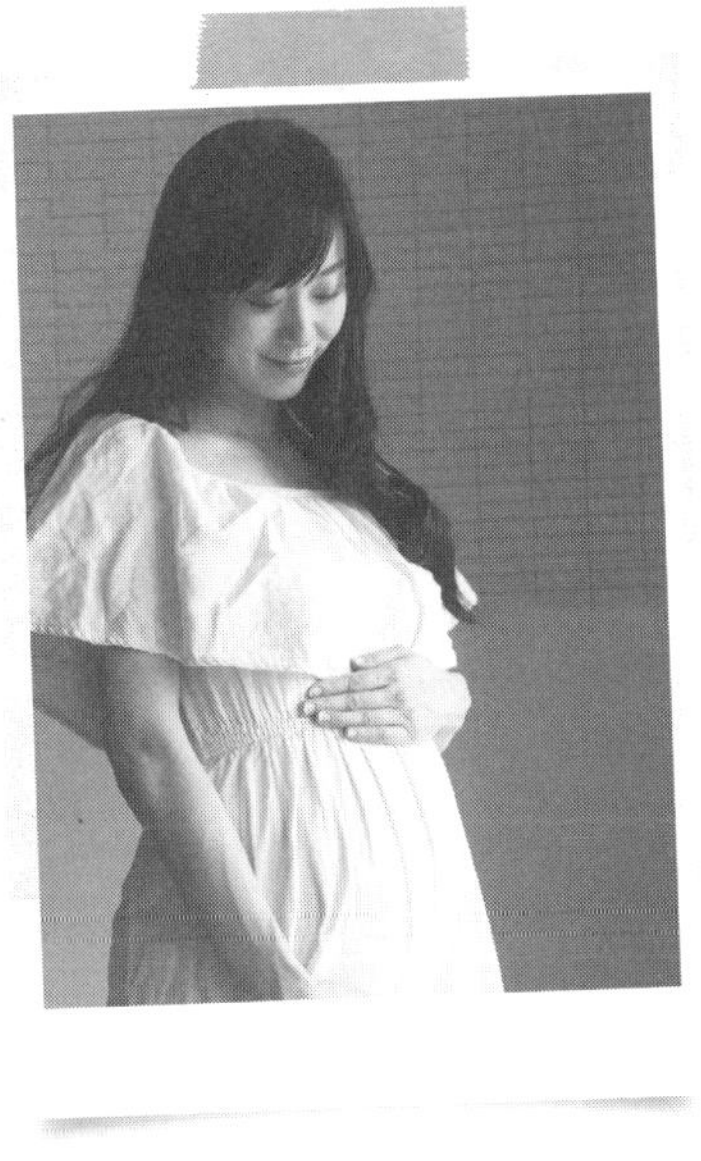

実は無駄がいっぱい！　家事は8割減らせる

24時間はみんな一緒です。どう時間を使うのかは、それぞれの価値観次第です。とはいえ、「お風呂の時間がゆっくり取れない！」とか「寝る前にうっとりする時間がない！」というのは大問題。すぐに対策を考える必要があります。

「時間がない」なら、「どうやって時間をつくるのか」を考えれば、家事をコントロールすることにいきつくはず。**時短も大事だけれど、「時産」も大切なんです。どこかに、無駄な家事はありませんか？**

まずは洗濯機。縦型のものを使っている方は、ドラム式に変えるのはいかがでしょう？　乾燥機能を使えば、干して取り入れる時間が必要なくなります。「乾燥をすると生地が傷むかも……」と思うかもしれませんが、最近のものは生地も傷みにくくなってきています。気になるなら、乾燥機任せにしたくないものは週末にまとめて洗濯して干せばいいのです。

洗った衣類を毎回たたむのがしんどいのであれば夫用・自分用・子ども用のカゴ

＼熟睡 POINT／

53.6％の専業主婦、57.9％の共働き世帯が乾燥機能付きの洗濯機を使っているというデータがあります。とはいえ、ドラム式を使っていても全自動で乾燥はせず、干している方も多いです。実際に乾燥機能を使っている人は1割以下というデータがあります。

※2018年ソフトブレーン・フィールド1756名の調査より

を用意して乾燥し、終わったものをポンポンと取り分けるだけ、タオルはたたまず2つ折りにして棚に放り込むだけでいいのです。今は大変な時ですから、完璧にすべてやろうと思わず大体で大丈夫。

食洗器もあっていいと思います。とある生徒さんは、いつも22時過ぎまで仕事をして口内炎や生理痛に悩んでいました。時間はお金で買えないもっとも大切なものだと気づいた彼女は、食洗器を購入。自分の時間ができて、家事のストレスから解放され、睡眠の質も向上しました。

食洗器を使っている方は、「この食器は食洗器に入れられない」というお皿も普通に使っていませんか？ 食洗器で洗うためのすすぎと、手洗いを分けて行うのは、多少なりとも時間がかかるので非効率的。それなら**いっそ、食器を食洗器で洗えるものだけにしてみてはいかがでしょう？ 身体が整うまでなら、紙皿を使ってもいいし、サランラップをお皿に敷いてその上で食事を摂って洗い物をなくすのも手です。**

今行っている家事で、「○△しなければならない！」と決めているのは自分自身です。それでイライラしてしまうのは、何かおかしいですよね？ こうした心の乱れはホルモンを通じて胎児に悪影響を及ぼす可能性もあります。心穏やかに過ごすために、「当たり前」をまず疑ってみてください。

イライラしてもすぐにほっと心がゆるむ呼吸法

妊娠中はふつうではない体内ホルモンの変化から、イライラや憂鬱な気持ちに傾きやすいのは事実です。けれども、**イライラの大きな原因は、生活習慣の乱れ。**体がマイナスの方向に傾き、それによって心に悪影響が及ぶという悪循環に陥っているケースがほとんどです。まずは睡眠の質を高め、体内時計を整えて。

さらに、心に憂鬱な気持ちやイライラ感情がよぎった時、「今、ストレス状態だ！」とつぶやいて脚を両手でたたきましょう。

口に出してアウトプットし、それを耳からインプットするのです。脚をたたくのは腕の骨格筋を動かし、刺激を脳に伝えるため。刺激を与えることで、「さぁ今から次の行動に移すのだ」と自覚させます。

そして**まずは左ページでご紹介している「うっとり呼吸法」を試してみてください。**

うっとり呼吸法の手順

STEP ①

まずは、呼吸ができる体勢を整えましょう。できる限り静かな場所で、楽な姿勢で座ります。手のひらは上にしたほうが力が抜けます。頭の先から足の先まで、身体の力はできる限り抜いておきます。

STEP ②

「ふーっ」と吐いた後、3秒で吸って、3秒で吐いていきます。この3秒の間にすべて吐き切り、すべて吸い込みます。しばらくその状態を繰り返し、慣らします。

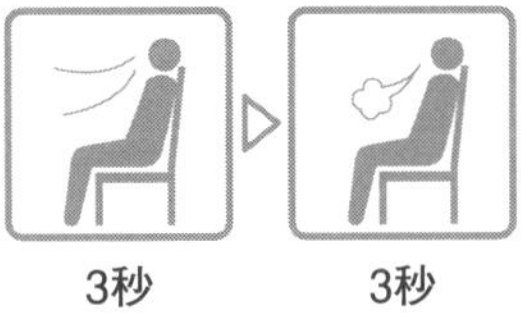

STEP ③

3秒吸って、1秒呼吸を止め、4秒で吐いていきます。息を止めるというより、吸った空気を身体の中で充満させるようなイメージで慣れるまで行います。

STEP ④

3秒で吸って、1秒呼吸を止め、5秒で吐いていきます。つらければSTEP3に戻り、慣れてからSTEP4を繰り返します。1分間で6回呼吸を目指すなら、ひと呼吸10秒になります。それを目安に、心地よい秒数を適宜増減しながら探ってみましょう。慣れるまで何度も繰り返します。

STEP ⑤

STEP4を目安に、目を閉じて、心の中でカウントしながら呼吸をします。なんとなく感覚がつかめたら、心の中のカウントもやめて、気持ちよく呼吸を繰り返します。

＼熟睡 POINT／

眼球を少し圧迫するだけでも、心拍数が減少してリラックスできます。両手の薬指を閉じたまぶたの上に軽く添え、1〜2分呼吸を繰り返してみてください。

心を心で制動することはできません。でも行動に移すことは誰でもできます。行動に移して体が変われば心も楽になることが多いです。家の中にいる時にそういう状態になったなら、場所を変えて外に出て「うっとり呼吸法」をやってみてください。オフィスなら、トイレに行ってトイレの窓から外を眺めるのもよいでしょう。夫や家族と喧嘩して「カッ」となって言い返してしまうと、さらに血圧が上がって交感神経が刺激され、アドレナリンが分泌されます。

部屋から出るのもよし。気分転換にスーパーに買い物に出るのもよし。その場から脱出するのは逃げではなく、れっきとした正しいストレス対策です。その際、体を軽く動かしたりストレッチをしたりして、ストレス状態の身体をほぐしましょう。

また、そんな気分になった日には、いつもよりゆっくりお風呂につかり、いつもよりゆっくり寝る前のうっとり習慣を行ってください。「特別な時のために」と、とっておいたアロマキャンドルを出したり、少し高めのボディクリームを塗って香りや感触を楽しんだりしてもよいでしょう。その日を「特別な日」にして、いつもより自分をケアする時間をとってみてください。

＼熟睡 POINT／

親や親せきが教えてくれる、何十年も昔の子育てメソッドにイライラしてしまうママもとても多いようです。「よかれと思って」言ってくれているのがわかるだけに、余計ストレスを感じてしまうのです。

里帰り出産は必ずしもする必要はない

私は里帰り出産はしていません。その必要がないと思ったからです。まずは両家とも関西なので、産後1～2か月を実家で過ごしたとしても、そのあと新幹線に乗って東京に帰らなければなりません。電車で、しかも新幹線ですから、まだ首の座らない赤ちゃんを連れていくのは不安があります。授乳頻度も定まっていないなら、さらに大変かもしれません。

産後すぐは寝ている時間が長い赤ちゃんも、1～2か月も経てば泣く回数も増えます。一番この時期にサポートしてほしいのに、実家から戻ると、平日の昼間にサポートをしてくれる人がいない状態にいきなりなってしまうのです。

これはとても混乱します。週に何回かベビーシッターさんがきてくれたとしても、それ以外は自分1人なのです。ママと赤ちゃん、2人きりの状態に慣れるまでは時間がかかると心得ましょう。

赤ちゃんも、せっかく実家のベッドに慣れてきた頃に移動して、また新しい環境に慣れなければいけません。これって、無用なストレスだと私は思うんです。出産時に夫がすぐにきてくれないかもしれないという不安もありますし、夫と遠距離になってしまう寂しさもあります。

だったらいっそのこと、里帰りせず、自宅にいたほうがよいのではないでしょうか？　**実家に帰ったほうが自分も赤ちゃんも楽に生活ができると思うのであれば里帰り出産を行い、それよりもいろいろなストレスや心配事が生まれる可能性があるなら、自宅近くの病院で出産すればよいのです。**

私自身は、自分の家の近くの産院で出産してとてもよかったです。両家の親に2日間ずつきてもらい、食事や掃除などの家事はやってもらいましたが、家事や育児を区のサービスに頼み、自分は一切家事をしなくてもすむ体制をしっかりと準備したおかげで、産後1か月以内はとても快適で、育児や家事はあまり大変ではありませんでした。

はじめから「1人でやるんだ」と決めて対策と準備がきちんとできていたこともあって、母子ともに睡眠が早々に整いました。里帰りをしなかったことによる一番のメリットです。人それぞれ価値観は違うのでこれが絶対であるとは言い切れませんが、出産をどこでするか悩んでいる方は、ぜひ検討してみてください。

月齢＆年齢別の傾向と対策

私と赤ちゃんの熟睡日記

ここまで熟睡スイッチをONにするメソッドを紹介してきましたが、私自身もすべてがスムーズにできたわけではありません。私と息子がぐっすり眠れるようになるまでの思い出と、月齢ごとの熟睡POINTをご紹介します。ぜひ参考にしてみてください。

0か月頃

両手や足をびーんと動かす原始反射があって眠りを妨げる可能性があるため、おくるみがあったほうが安心です。生まれた直後は紫外線を防御する機能が低いのですが、レースカーテン越しなどでも、日中の光を感じさせて。聴力は視力よりも発達しているので、ママは顔を近づけていろいろ語り掛けたり、日中の刺激を与えてメリハリを作っていきましょう。

わたしと赤ちゃんの熟睡日記――産後すぐ

愛しい我が子。幸せを噛みしめる毎日。でも、いろいろ準備していたのに、助産師さんに言われたタイミングで、ねんねと授乳。今思えば、もっと楽な対策があったのに……。

例えば、深夜に授乳した後、すぐに赤ちゃんが眠ってくれないからと、抱っこ方法をいろいろ変えたりしてずっと病院の廊下で何度も何度も往復したっけなぁ……。

あと4人部屋だったから、「ほかのママたちを起こしちゃうかもしれない」と思って、深夜に子どもが泣いたらすぐ抱っこしたり。泣いたら場所を変えてとにかく寝るまでがんばっちゃってたなぁ。「部屋に何人かママがいたほうが友達もできるし楽しそうかな」と思ったあの時の自分を問い詰めたい……。

まだまだ1人で眠る方法を知らなかった我が子。あの頃に戻れるなら、抱っこして落ち着いて眠らせるんじゃなくて、ベッドで眠るほうが安心できるんだと覚えさせたい。

わたしと赤ちゃんの熟睡日記——退院後1週間

記憶なし。記録なし。赤ちゃんとの2人生活を整えるために大事な週。

里帰り出産していないので、区のいろいろな制度を利用。無料で育児家事をしてくれるサービスに登録して、週1回来てもらい、1週間分の常備菜を作ってもらう。

シルバーセンターの方にも週1回来てもらい、部屋を掃除してもらう。ぜんぶ自分1人でがんばる必要はないのです。

ストレスを抱えてまで里帰り出産をわざわざする必要はないと思う。のびのびと過ごすことができたので、大変だったけれど、私は里帰り出産を選択しなくてよかったと思う。

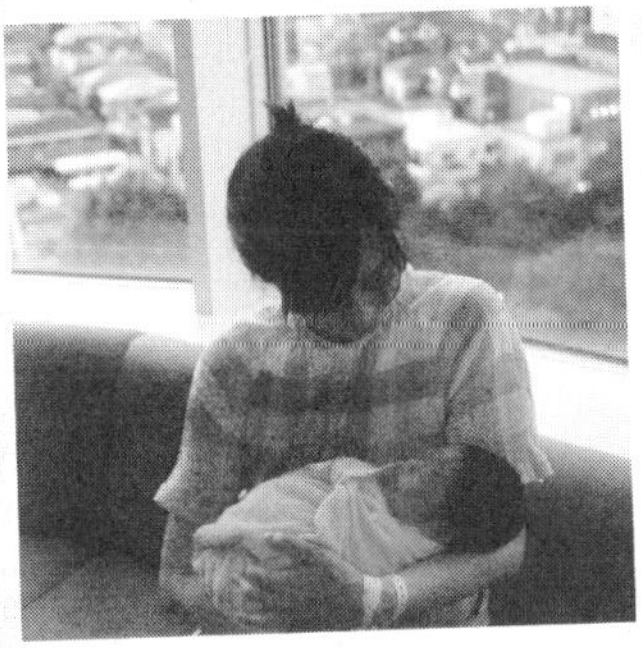

わたしと赤ちゃんの熟睡日記——生後1か月

一番ダメなことをやっていた。それは私が眠る少し前の22時頃に赤ちゃんを起こして授乳すること。電気はつけなかったけれど、少し扉を開けて空気を入れ替えたり、体に手を添えてみたりして、赤ちゃんを起こしちゃってたなぁ……。

これは本当にやってはいけないこと。そのように生徒さんに指導してきたのに何をしているんだ。

赤ちゃんの夜泣き習慣をつくることにつながるし、起こすということは赤ちゃんの免疫力を低下させることにつながる。頭ではわかっていたけれど、産後は正常に頭が働かず、目の前のラクさを優先してしまっていた。反省。

生後28日頃に「はっ!」と我に返った。

自分優先で22時頃起こしていたものをやめて子どもが寝たいだけ寝かせると、夜間連続8時間睡眠だったのが、11時間ほどの日も出てきた! 幸いにも習慣になっていなかったからよかったものの、生まれてすぐの一番体が成長する時に起こしていた自分を少し責める。

でも……時は前にしか進まない。赤ちゃんの睡眠を、そして体内時計を妨げてはならない、と誓ったあの日のことを忘れない。

1か月頃

目を動かしていろいろなものを見たり、目で物を追うようになってきます。ずっとにぎりしめていた手を開く時間が増えて、手足の動きも活発になっていきます。活動量が増えるので、さらに昼と夜の区別もついていきます。昼間にベランダに出たり玄関に出たりして外の明るさや空気を感じさせて。

わたしと赤ちゃんの熟睡日記――生後4週3日

この頃から、ベッドにおいてトントントンを行い、泣いても抱っこせずトントンを繰り返してみた。時間は40分。その時は成功したと思っていたけれど、まだ早かった……。

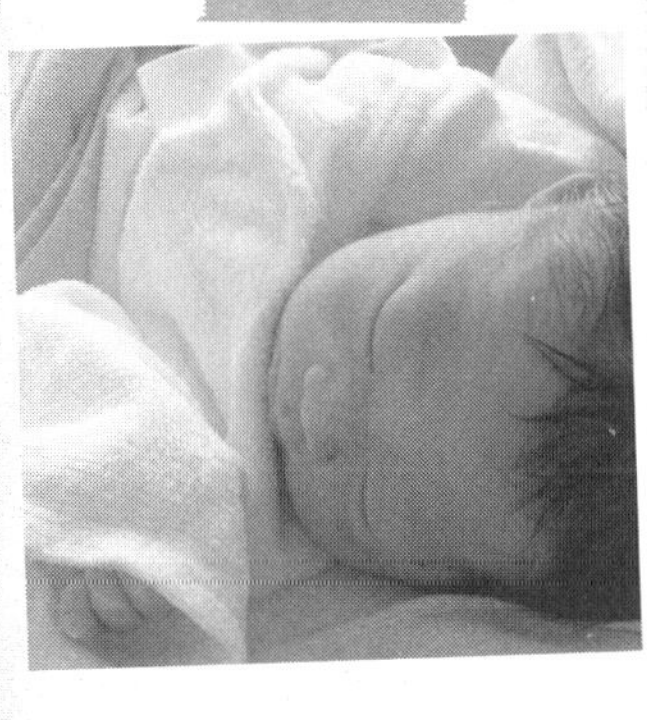

ヒトもほかの動物も、安心する場所でないと眠りにつくことはできない。生まれてからすぐ、抱っこで寝るのが好きになっていた息子に、無理やりトントンねんねを促すのはかわいそうと判断。しかも40分もかかったということは、40分間不快な状態を継続していたということ。

抱っこねんねではなく、ベッドに置いてねんねさせることばかり頭にあったけれど、それよりも、息子の眠りのリズムを信じて起床就寝を行うことが大切であると、実感。眠いタイミングを逃さず、眠らせるということだけを行えば、たとえ抱っこでも、寝つくまでの時間は早くなっていく。まずは、「眠たい↓安心したら眠れるのだ」ということを子どもに知ってもらうことに専念。指導してきたし、理論は全部頭にはあるけれど。正常に考えられなくなっているかも。自分の睡眠の質をさらに向上させよう。

2か月

何かものを持たせたりすると握ることもあります。手足をマッサージして刺激を加えて。ソファやベビーベッド、大人のベッドからの転落事故が相次ぎます。まだ

寝返りをしないからと安心して大人のベッドに寝かせたりしないようにしましょう。ベビーベッドの柵をしっかり上げて寝かせ、ソファに寝かせないようにしましょう。

わたしと赤ちゃんの熟睡日記——8週4日

夜睡眠前の授乳が少なくても赤ちゃんが寝てくれるようになったことを確認。母乳の量でお腹が満たされて長く寝ているのではなく、夜だから寝てる、つまり、ちゃんと夜と昼の区別がきちんとついてきたのだなと実感。

わたしと赤ちゃんの熟睡日記——10週

それまで昼間は30分ほどしかベッドで眠れなかったけれど、昼間ベッドで2時間ほど長く眠れるようになってきた。何度か目が覚めても1人で眠れるようになってきた。うれし。

3か月

ママの監視のもと、うつ伏せにしてあげて、背筋を鍛えてあげてください。運動

量がさらに増えて、体温のメリハリがついていきます。両手を合わせたり、あやすと笑ったり、「不快＝泣く」だったものが、意志を喃語で表すようになります。昼間は、ベビーカーでおでかけしたり、窓際で太陽の光を感じさせたりと、昼と夜をさらに区別させていきましょう。

わたしと赤ちゃんの熟睡日記――2か月4週

夜19時半〜4時半まで眠れる日も出てきた。

深夜に起きた際、授乳した後、ご機嫌のままベッドに寝かせ、私は自分の寝室のベッドの中にバタン。離れてしばらくすると泣いて親を呼ぶこともあったが、知らず知らずそのまま赤ちゃんが寝ることも。何度かそういう機会を用意するとよい。

4か月

うつ伏せでの活動も活発になったり、寝返りもうまくできるようになってくる子も。ものに手を伸ばして口に持っていくこともあります。首を回して目で追ったり、なめて「これは何か」と調べたりもします。さまざまなものを見せて知的好奇心を

刺激しましょう。うつ伏せにして、後ろから音のするおもちゃを慣らしながら近づけて、背筋も鍛えるのもいいですね。

わたしと赤ちゃんの熟睡日記――4か月～

寝る前だけトントンで寝かせることをスタート。抱っこでの寝かしつけは卒業。はじめは数十分かかったけれど、どんどんその時間は短くなっていっている。達成感。

わたしと赤ちゃんの熟睡日記――4か月3日

授乳時刻を確立。7時、11時、15時、18時半、深夜。達成感。

5か月

うつ伏せで遊ぶことが上手になってきます。うつ伏せの状態からいろいろな方向のものを見たり、手を使って遊ぶことが得意になっていきます。あおむけの状態で、足を駆使し

て、頭の方向へずりばいをする子も。支えがあれば座っていられる子も出てきます。赤ちゃんのしたい行動をサポートしてあげて。

わたしと赤ちゃんの熟睡日記――5か月3週

ベッドでの寝かしつけがラクになってきて、少し眠いかな、というタイミングでベッドに置いて、朝寝、昼寝、夕寝、夜、すべて頬に少し触れるだけですぐに眠れるようになった。ラク。

6か月

短期記憶が発達する時期。言葉の意味の違いや響きの違いに気づいたり、繰り返し体験することで覚えることも。1人でお座りもできるようになってきます。座ると視線が高くなり、また手の届く範囲が上に広がるため、興味のあるものも刺激も増えます。五感を育てるために、手触りの違うものを触らせたり、いろいろな音を聞かせたりしましょう。

わたしと赤ちゃんの熟睡日記——6か月〜

すこしずつ離乳食スタート。

ストローまぐも開始（哺乳瓶を一切受け付けないため）。体重があまり増えていないことが判明したため、ミルクを加えることに。

わたしと赤ちゃんの熟睡日記——6か月4週

離乳食スタートして25日目。うまく食べられるようになってきたので、朝と夜の2回食へ移行。

7か月

おすわりやずりばい、ハイハイによって視界が変わり、活動量がさらにアップします。握ったものを別の手に持ち替えることもできるようになってきます。親と他人の区別ができるので、人見知りが強くなることもあります。つかまり立ちを一度でもしたら、ベビーベッドの床版は一番下にしてください。

わたしと赤ちゃんの熟睡日記――7か月頃

日中のミルクを増やして、おっぱいをなしに。夜は水を飲ませてからおやすみさせ、「おっぱい＝ねんね」のリズムを作らないよう工夫。

夜、寝かしつけゼロで、1人でねんね成功！

お風呂に入れて着替えさせ、「○△君、大好きだよ、1人で朝まで眠れるよ。おやすみ」と抱きしめながら言い、ベッドを後にしたら1人で眠れた。途中、夜起きて少し泣くことはあっても、1人でそのまま眠るようになった。

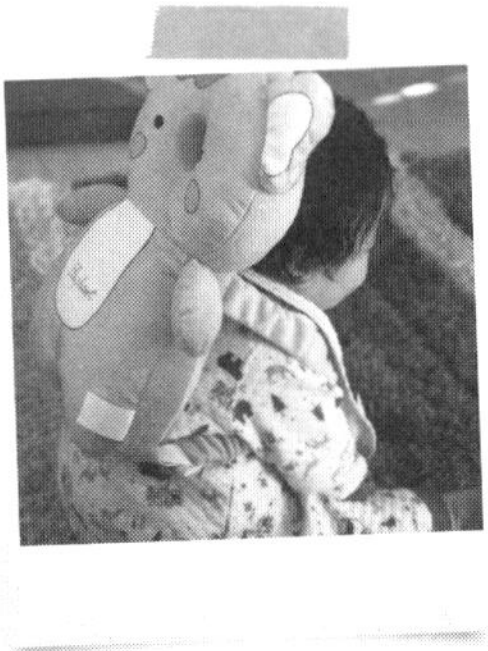

8か月

8か月頃から夜泣きが増えると一般的に言われていますが、過剰に心配せず、一つひとつ行っていけば大丈夫。ハイハイするようになったら、ママの後をつけるようになることも。活動量が高まってさらに体温のメリハリができるので、眠りの質も高くなります。囲いなどで行動範囲を狭くしないように。

わたしと赤ちゃんの熟睡日記――8か月頃

昼も朝も寝かしつけせずに、「お昼寝しようね」の一言で就寝。19時半~7時まで寝かしつけゼロ、夜泣きゼロ。離乳食3回食をスタートさせることで、昼夜区別がさらに安定!

9か月

つかまり立ちをする子が増え、テーブルの上のものなどを触ることが増えます。積み木やおもちゃなどを両手に持って鳴らすこともあります。指先を中心にした細かな遊びが増えるので、脳活動量も高くなります。ママがサポートしてあげてください。歯が増えてうずくので、いろいろなものを口に入れたり、噛むようになります。親の顔色をうかがうことも。

わたしと赤ちゃんの熟睡日記――9か月頃

8か月頃からと変わらず、寝かしつけゼロ、夜泣きなし。

10か月

指さしをして要求を伝えたり、親をちらっと見て反応を確認することもあるので、共感してあげましょう。いたずらが増えるのも、この時期。危険なこと以外は、おおらかな気持ちで見守ってください。つかまり立ちをしてもハイハイは継続させて。生後10か月くらいで、平均70～80語ほど理解できると言われています。いろいろな言葉を浴びさせてあげて。

わたしと赤ちゃんの熟睡日記――10か月頃

8か月頃からと変わらず、寝かしつけゼロ、夜泣きなし。

11か月

1人で立ったり、意味のある言葉を話したり、バイバイなどと手を振ることも。行動範囲が広がっていきます。小さなものを親指と一差し指でつまんで動かすこともできることも。指先は体の中でもたくさんの神経が通っているので手や顔をマッサージしてあげたり、小さなもの（誤飲に気を付けて）をつかむ遊びをさせてみて。

わたしと赤ちゃんの熟睡日記――11か月頃

8か月頃からと変わらず、寝かしつけゼロ、夜泣きなし。

1歳

言葉の発言が増えたり行動範囲が広がり、よく笑いよく食べ、よく動くようになるため睡眠の質もぐっと良くなります。論理的思考をつかさどる前頭葉の機能が発達し記憶力も高くなります。いろいろなことを覚え、理解する力を引き出すためにも、危険は回避しつついろいろなことをやりたいだけやらせてしっかり眠らせて、学習力、体力、感性を育てましょう。

わたしと赤ちゃんの熟睡日記――1歳頃

現在、1歳3か月。8か月頃からと変わらず、寝かしつけゼロ、夜泣きなし。
熟睡日記も卒業だ！

出産して幸せいっぱいな反面、赤ちゃんが
思うように寝てくれないことはままあります。
ママも限られた時間の中できちんと眠れず、寝不足状態です。
だからこそ、本書で学んだことをただ頭でわかった気になる
のではなく、ぜひ行動に移してみてください。
すべてを一気にやろうと思わず、まずは1つずつ、
赤ちゃんの対策からでもママの対策からでも大丈夫。
何かが変われば、すべての歯車がよい方向へ動き出します。

参考文献

Yuta KAMBAYASHI, Hiroshi HAGIWARA ,An Approach on Estimation of Sleep Cycle Using Occurrence Rate of Body Movements ,生体医工学50(1):99-104,2012

Higuchi ,S.,Nagafuchi,Y.,Lee,S.,Harada,T.Influence of light at night on melatonin suppression in children.J Clin Endocrinol Metab,2014,99,3298-3302.)

久野　寧；汗の話,p.67-68,1963光年館

Kenji Obayashi, Keigo Saeki, Norio Kurumatani et al. Exposure to Light at Night, Nocturnal Urinary Melatonin Excretion, and Obesity/Dyslipidemia in the Elderly: A Cross-sectional Analysis of the HEIJO-KYO Study. J Clin Endocrinol Metab 2012, Epub ahead of print as doi:10.1210/jc.2012-2874

Wailoo, M.P., S.A. Petersen & H. Whittaker . Disturbed nights and 3-4 month old infants: the effects of feeding and thermal environment. Archives of Disease in Childhood, 65,499-501,1990

Glotzbach SF1, Edgar DM, Boeddiker M, Ariagno RL. Biological rhythmicity in normal infants during the first 3 months of life. Pediatrics. Oct;94(4 Pt 1):482-8.1994

松村京子,乳幼児・高齢者の体温調節,人間の生理と心理を学ぶ,p.11-16,1997

Kazuyo Tsuzuki-HayakawaYutaka TochiharaTadakatsu Ohnaka. Thermoregulation during heat exposure of young children compared to their mothers　January 1995, Volume 72, Issue 1-2, pp 12-17　1995

小川徳雄;新生理学大系第22巻「エネルギー代謝・体温調節の生理学」中山昭雄,入来正射編,「蒸発性熱放散」,p.154-175,1994,医学書院

R.J.Merklin ; Anat.Rec.,178,637-646,1974

Wailoo, M.P., S.A. Petersen & H. Whittaker . Disturbed nights and 3-4 month old infants: the effects of feeding and thermal environment. Archives of Disease in Childhood, 65,499-501,1990

内田伸子(2017)『発達の心理〜ことばの獲得と学び』(サイエンス社)

M. Hatori, C. Vollmers, A. Zarrinpar, L. DiTacchio, E. A. Bushong, S. Gill, M. Leblanc, A. Chaix, M. Joens, J. A. Fitzpatrick et al. : Cell Metab., 15, 848 (2012).

Saito M, et al. Experientia. 1981;37(7):754-755.

Ohta H, Xu S, Moriya T, Iigo M, Watanabe T, et al. (2008) Maternal Feeding Controls Fetal Biological Clock. PLOS ONE 3(7): e2601.

Robinson & Fielder(1999) Archives of Disease in Childhood 65:35-38

Natalia Mendez, Lorena Abarzua-Catalan, Nelson Vilches, Hugo A. Galdames, Carlos Spichiger, Hans G. Richter, Guillermo J. Valenzuela, Maria Seron-Ferre, Claudia Torres-Farfan, Timed Maternal Melatonin Treatment Reverses Circadian Disruption of the Fetal Adrenal Clock Imposed by Exposure to Constant Light, Published: August 13, 2012

2002年のヒトの胎児の研究。(Thomas et al.(2002)Journal of Pineal Research 33 :218-224.)

Seron-Ferre et al.,2011

M.J.Edowards;Terat.Caecin.Mutag., Hyperthermia as a teratogen: A review of experimental studies and their clinical significance 6,563-582(1986)

眠りとお風呂の専門家

小林麻利子

Mariko Kobayashi

生活習慣改善サロンFlura主催。
最新のデータ、研究をもとに、自律神経の改善を行う。睡眠と入浴を中心とした生活習慣にあった無理のない実践的な指導が人気を呼び、2000名以上の悩みを解決、サロンは予約3か月待ちの人気。テレビ、雑誌、講演活動も行う。

睡眠改善インストラクター、温泉入浴指導員、ヨガインストラクター、食生活管理士、上級心理カウンセラー。

著書に『美人をつくる熟睡スイッチ』（G.B.）、『あきらめていた「体質」が極上の体に変わる』（ダイヤモンド社）、『ぐっすり眠れる、美人になれる！　読む お風呂の魔法』（主婦の友社）がある。

Instagram「@ marikokobayashi.flura」

STAFF

Design　森田千秋（Q.design）
Illustration　東山容子、栗生ゑゐ子
Management　名和裕寿、原あかり（SDM）

寝かしつけ0秒、夜泣きもなくなる
赤ちゃんとママの熟睡スイッチ

初版発行　2019年11月27日

著者　小林麻利子

発行人　坂尾昌昭
編集人　山田容子
発行所　株式会社G.B.
〒102-0072　東京都千代田区飯田橋4-1-5
電話　03-3221-8013（営業・編集）
FAX　03-3221-8814（ご注文）
http://www.gbnet.co.jp

印刷所　株式会社シナノパブリッシングプレス

ISBN 978-4-906993-79-6